I0411485

Werner Reichel

Die Feinde der Freiheit
2015

Neue Texte gegen die politische Korrektheit

Edition Aecht

ISBN-13: 978-1507823026

ISBN-10: 1507823029

Mein Dank gilt allen, die mich bei meiner Arbeit
unterstützt haben und die trotz des politischen,
gesellschaftlichen und medialen Gegenwindes für
Freiheit und Demokratie eintreten.

für meine Eltern

Inhalt

Vorwort

2014 war ein entscheidendes und richtungsweisendes Jahr für Europa. Ein Jahr der Umbrüche und der Krisen. Der rasante Aufstieg des Islamischen Staates vor der europäischen Haustür, der Russlandkonflikt, die anschwellenden Migrantenströme aus Afrika und Asien, die fehlgeschlagene Euro-Rettungspolitik, die andauernde europäische Schulden- und Wirtschaftskrise oder die an ihre finanziellen Grenzen stoßenden Sozialstaaten. Europa ist mit einer Vielzahl an Problemen konfrontiert und Brüssel und die nationalen Regierungen sind weder Willens, noch in der Lage sie zu lösen. Statt grundlegender Reformen und einer Abkehr vom eingeschlagen Weg, versucht man mit den immer selben unwirksamen sozialistischen Rezepten die Probleme in den Griff zu bekommen. Europa verliert zunehmend den Anschluss und an Bedeutung. Die neosozialistischen Politiker aller Parteien und ihre Helfershelfer im Medien- und Kulturbetrieb schaffen es kaum noch diese Zerfallsprozesse in ihrem Sinne umzudeuten.

Die zunehmende politische Handlungsunfähigkeit versucht man mit einer Flut an Gesetzen, Verordnungen und Regeln zu verschleiern. Brüssel greift immer stärker in das Leben seiner Bürger ein. Während man den wachsenden Staatsschulden, der zunehmenden Deindustrialisierung oder den vielfältigen Problemen der multikulturellen Gesellschaften plan- und konzeptlos gegenübersteht, werden auf der anderen Seite die Bürger mit einer Flut an absurden Gesetzen und Vorschriften gegängelt.

Europa befindet sich am absteigenden Ast. Das spüren auch immer mehr Bürger, neue Protestbewegungen, wie etwa PEGIDA, entstehen, politisch-unkorrekte Bücher, wie jenes von Akif Pirinçci, werden zu Bestsellern. Anstatt sich mit den Ursachen dieser neuen gesellschaftlichen Strömungen auseinanderzusetzen, bekämpfen Politik und Mainstreammedien jene Bürger, die mit dieser neuen außerparlamentarischen Opposition sympathisieren.

Je mehr Widerstand und Unmut sich in der Bevölkerung regt, desto mehr schränken Brüssel und die Regierungen die Freiheiten und Bürgerrechte ein. Menschen, die die genau definierten Grenzen des politisch korrekten Meinungsspektrums überschreiten, werden mehr oder weniger subtil bekämpft und an den gesellschaftlichen Rand gedrängt. Wer gegen politische und gesellschaftliche Fehlentwicklungen demonstriert und die politisch korrekte Ideologie hinterfragt und kritisiert, kommt sofort in die rechte Schublade. Darin finden sich mittlerweile alle, die nicht mehr an die Heilsversprechen der neosozialistischen Lehren, wie Gendermainstreaming, Multikulti oder Ökultismus, glauben.

Die Neosozialisten sind mit ihrer Politik, so wie all ihre ideologischen Vorbilder und Vorgänger, grandios gescheitert. Europa und die europäischen Staaten sind nicht mehr in der Lage die überlebenswichtigsten Zukunftsfragen zu lösen. An einen Kurswechsel denkt die EU-Nomenklatura nicht.

Dieser neue Band von „Die Feinde der Freiheit" beschäftigt sich mit all diesen poltischen und gesellschaftlichen Entwicklungen. Es ist eine Sammlung von Texten aus dem Jahr 2014, die in verschiedenen liberalen und konservativen Zeitschriften und Blogs in Österreich und Deutschland veröffentlicht worden sind.

Wien, 3.2.2015

Die Linke und die Kinder

Linksaußen-Kabarettist Volker Pispers sieht bei der Verleihung des deutschen Kleinkunstpreises 2014 viel sagend in die Fernsehkamera: „Irgendwas muss der Edathy doch falsch gemacht haben. Kann es sein, dass er als Vorsitzender des NSU-Ausschusses ein paar BKA-Beamten zu heftig auf die Füße getreten ist?" Die Grün- und Linkswähler im Publikum nicken zustimmend und applaudieren. Pispers deutet an, was in linken Kreisen viele denken. Edathy sei vor allem eines: das Opfer einer rechten Verschwörung. Sobald einer der ihren mit Jugend-, Kinderpornographie oder noch widerlicheren Dingen in Zusammenhang gebracht wird, reagieren Linke mit reflexartigen Abwehrmechanismen.

Das war auch so, als die pädophilen Altlasten der Grünen ans Tageslicht gekommen sind. Die linken Mainstream-Medien haben verhalten, relativierend und zum Teil widerwillig berichtet. Die Grünen selbst waren und sind nicht bereit, ihre eigene dunkle Vergangenheit ehrlich und schonungslos aufzuarbeiten oder gar Konsequenzen aus ihr zu ziehen. Stattdessen faule Ausreden, Schutzbehauptungen und Relativierungen. Immer nur so viel zugeben, wie ohnehin schon bekannt ist. Und die grün gefärbten Mainstream-Medien lassen sie damit nur allzu gerne durchkommen. Sonst müsste man ja auch seine eigene politische Überzeugung überdenken. Deshalb gilt das Motto: nur nicht zu viel recherchieren.

Daniel Cohn-Bendit ist in linken Kreisen noch immer ein angesehener Politiker. Dass er seinerzeit im Buch „Der große Bazar" geschrieben hat: „Es kam vor, dass einige Kinder meinen Hosenlatz geöffnet und angefangen haben, mich zu streicheln", hat ihm politisch nicht geschadet. Im Gegenteil. Die Grünen, darunter auch einige alternative Mamis, lieben ihren Dany le Rouge noch immer heiß. Pädophilieverdacht? Papperlapapp! Cohn-Bendits Gesinnungsgenossen in Politik, Medien und Wählerschaft haben sich nur allzu gerne mit seinen hanebüchenen Rechtfertigungen zufrieden gegeben. Die widerlichen Ausführungen seien nur literarische Provokation gewesen…

Wäre Cohn-Bendit kein Grüner, sondern ein CSU-Abgeordneter oder Priester, man hätte ihm seine Erklärungen als lächerliche Schutzbehauptung um die Ohren gehauen. Was damals wirklich vorgefallen ist, was die Kinder unter Danis Obhut erlebt und erlitten haben, das wollen die linken Moralaposteln gar nicht wirklich wissen. Dabei ist es für die kindlichen Opfer von sexueller Gewalt vollkommen egal, welche Weltanschauung ihr Peiniger hat. Nur die linken politischen und journalistischen Meinungsmacher sehen das etwas anders. Ganz extrem ist das in Österreich zu Tage getreten. Über Monate hinweg ist die katholische Kirche nicht aus den Schlagzeilen gekommen. Der Missbrauch in katholischen Heimen von den 50er bis in die 70er Jahre beschäftigte (zu Recht) Medien und Politik. Der Staatssender ORF hatte über Wochen ein Leitthema, das in allen Formaten und von allen Seiten beleuchtet worden ist. Selbst Priester, die in den 60er Jahren Jugendlichen eine Ohrfeige verpasst haben sollen, wurden im allgemeinen linken Jagdfieber an die Öffentlichkeit gezerrt und an den Pranger gestellt.

All das änderte sich plötzlich, als bekannt wurde, dass in den Heimen der sozialistisch regierten Stadt Wien über Jahrzehnte schlimme und widerliche Verbrechen an Kindern begangen worden sind. Besonders unerträglich war die Situation im Kinderheim Wilhelminenberg. Dort wurden Kinder über Jahre vergewaltigt, missbraucht und gedemütigt, es herrschte extreme Brutalität. Viele Kinder sollen von Pflegekräften zur Prostitution gezwungen worden sein. Die Missstände waren über viele Jahre den Verantwortlichen in der roten Stadtregierung bekannt. Passiert ist nichts. Und als das Heim schließlich 1977 zusperrte, wurden in einer Nacht- und Nebelaktion alle Heimakten vernichtet. Bis heute ist niemand dafür zur Rechenschaft gezogen worden. Weder politisch noch strafrechtlich. Die ansonsten dauerempörten Linken haben offenbar kein gesteigertes Interesse daran. Lasst die perversen Genossen doch in Ruhe, Schwamm drüber. Was sind schon systematische Kindervergewaltigungen in sozialistischen Heimen gegen ein paar Ohrfeigen von einem Priester. Der ORF und all die andern linken Medien haben gerade so viel berichtet, dass man ihnen nicht vorwerfen konnte, sie hätten das abscheuliche Thema totgeschwiegen. Man machte das absolut Notwendige, um journalistisch zumindest eine graue Weste zu behalten.

Aber der journalistische Elan, die moralische Empörung und der investigative Spürsinn waren plötzlich wie weggeblasen. Keiner der linken Journalisten kam auch nur auf die Idee, die über Jahrzehnte andauernden systematischen Verbrechen in den roten Kinderheimen in einen größeren Kontext zu stellen und mit der sozialistischen Ideologie, den linken Glaubenslehren oder der sexuellen Revolution der 68er in Verbindung zu bringen. So, wie man das ganz selbstverständlich bei den Missbrauchsfällen in Heimen der katholischen Kirche getan hat. Schuld daran waren, da sind sich alle linken Mainstream-Journalisten einig, die Kirche, ihr verbohrtes Personal, der Zölibat oder die überkommenen Moralvorstellungen der christlichen Religion. Die wesentlich schlimmeren Fälle in den roten Heimen wurden hingegen ausschließlich den handelnden Personen, die bis heute nicht bekannt sind, angelastet. Auch eine Austrittswelle aus der SPÖ setzte nach dem Bekanntwerden des Skandals nicht ein, obwohl die SPÖ weitaus verlogener und unwilliger mit ihrer Vergangenheit umgegangen ist als die Kirche. Die doppelten Standards, die die Journalisten und Politiker in solchen Fällen anlegen, sind offenkundig.

Die Häme und klammheimliche Freude über die Missbrauchsfälle im Umfeld der Kirche konnten die Linken in Politik, Kultur und Medien damals kaum verbergen.

So wie auch bei Fukushima. Auch hier freuten sich die grünlichen Ökultisten über den AKW-Unfall wie über einen Sechser im Lotto. Der Zwischenfall ist vor allem in Deutschland und Österreich medial aufgeblasen worden. Die rund 20.000 Toten, die der Tsunami gefordert hat, waren den linken Umweltfreunden indes weitgehend egal. Aus Flutwellenopfern kann man schließlich kein politisches Kapital schlagen. Das wirft ein grelles Licht auf das Menschenbild der Linken und ihr Verhältnis zu Kindern. Wenn die schwächsten Mitglieder unserer Gesellschaft (sexuell) missbraucht werden, ist das nur dann ein echter Skandal, wenn man ihn politisch für seine Zwecke ausschlachten kann. Darüber hinaus ist vielen Linken das Leid dieser Kinder relativ egal. Deshalb drückt man auch bei den links-alternativen Onkels, die sich in den Anfangszeiten der Grünbewegung an Minderjährigen vergangen haben, heute beide Augen zu. Die Kleinen sind gleich doppelt missbraucht worden, sexuell und politisch.

Sie sind lediglich eine ideologische Verschubmasse. Als Individuen zählen sie nicht viel. Wenn es der Verwirklichung der politischen Ideen dient, sind viele Linke erstaunlich skrupellos. Diese Gefühlskälte gegenüber Kindern steckt ganz tief in der sozialistischen Ideologie. Gemäß der politisch korrekten Utopie müssen die kindlichen Gehirne schon möglichst früh mit den richtigen Gedanken, Verhaltensweisen und Weltbildern gefüttert werden. Der Bildungsplan in Baden-Württemberg mit der Zwangssexualisierung kleiner Jungen und Mädchen ist ein Beispiel dafür. Was eine solche Indoktrination mit der Psyche, der Gedanken- und Gefühlswelt eines kleinen Kindes anrichtet, ist den selbstherrlichen Apologeten der Gender-Öko-Multikulti-Ideologie egal. Wo gehobelt wird, da fallen eben Späne. Viele dieser Genderisten haben keinen eigenen Nachwuchs, ihnen mangelt es an Empathie. Um die sozialistische Utopie Wirklichkeit werden zu lassen, müssen die Kinder möglichst früh und effektiv geformt und bearbeitet werden.

Deshalb ist es auch eines der Hauptziele linker Politiker, bereits Kleinkinder aus dem Familienverband zu reißen. Dort haben die politisch korrekten Ideologen zu wenig Einfluss auf die Bälger des Klassenfeindes. In staatlicher Obhut kann man sie besser formen und dressieren. Die EU braucht schließlich ihren stromlinienförmigen unkritischen und politisch korrekten Einheitsbürger. Die linken Sozial- und Geisteswissenschaften liefern bedarfsorientiert die passenden Erkenntnisse und Forschungsergebnisse, um jede noch so absurde gesellschaftspolitische Maßnahme „wissenschaftlich" untermauern zu können. Im Dienste des Sozialismus kann man auf die echten und unterschiedlichen Bedürfnisse von Kindern keine Rücksicht nehmen. Sie sind ebenso wie Einwanderer oder Schwule nur Versuchskaninchen der sozialistischen Gesellschaftsingenieure.

26.3.2014

Danke Akif Pirinçci

„Deutschland von Sinnen" hat in der deutschen Medienlandschaft eingeschlagen wie eine Bombe. Und das macht Spaß. Richtig Spaß. Zu sehen, wie die selbstverliebten Herrscher über die veröffentlichte Meinung nach Luft schnappen, verbal um sich schlagen und so überreagieren, dass es nur noch lächerlich ist, das ist ganz großes Kino. Die politisch korrekten Wachhunde der gleichgeschalteten Mainstream-Presse schlagen an, aber es ist nicht mehr als substanzloses Gekläffe. Die Reaktionen der, wie Pirinçci sie nennt, linksversifften Journalisten erinnern an den österreichischen Kaiser Ferdinand I. Als er im Revolutionsjahr 1848 die für Meinungsfreiheit protestierenden Bürger hörte, sagte er verzweifelt und überfordert zu Staatskanzler Metternich: „Ja, dürfen's denn des?" Pirinçci darf nicht, er tut es trotzdem. Ihm ist gelungen, woran viele Kritiker der politischen Korrektheit bisher gescheitert sind: Er führt die selbstgerechten Gutmenschen als kleingeistige, unterwürfige und verdruckste linke Spießer vor. Das gelingt ihm, weil er, im Gegensatz zu Thilo Sarrazin, erst gar nicht versucht, die verdrehten und absurden Glaubenssätze und Utopien der Neosozialisten mit Zahlen, Daten, Fakten und soliden Argumentationsketten zu hinterfragen. Er haut einfach auf den Putz. Und das mit einer brillanten, direkten, brutalen und vulgären Sprache.

Pirinçci überschreitet permanent die Grenzen des guten Geschmacks, aber selten die Grenzen der Vernunft. Er ist witzig, intelligent und bricht (echte) gesellschaftliche Tabus. Pirinçci verkörpert und macht all das, was linke Opportunisten so gerne für sich selbst in Anspruch nehmen und was sie allen Nichtlinken stets absprechen. Und jetzt das! Er hat ein linkes Monopol gebrochen. Und wie. Einige Gutmenschen scheinen es tatsächlich zu erkennen oder zumindest zu erahnen. Deshalb haben viele von ihnen die Contenance verloren, sie plärren und schlagen wie kleine Kinder wild um sich. Die bisherigen Mittel, um unbequeme Geister mundtot zu machen und zu diskreditieren, greifen bei Pirinçci nicht. Es ist ihm nämlich ziemlich egal, ob er als Nazi bezeichnet wird oder nicht. Es amüsiert ihn, wenn sie ihn, wie in solchen Fällen üblich, als „Hassprediger", „Provokateur", oder „Populisten" bezeichnen.

Pirinçci lässt sich nicht mehr auf die ewig gleichen Spielchen der Gutmenschen ein. Die sind deshalb etwas konsterniert. Was tun? Pirinçci ist noch dazu witziger, geistreicher, direkter, vitaler und er hat vor allem die wesentlich größeren Eier als sie. Das schmerzt sogar die durchgegenderten linken Journalisten. Die üblichen Verunglimpfungen reichen für Pirinçci deshalb nicht mehr aus. Man langt in die unterste Schublade und setzt auf Beleidigungen und Untergriffe. Verächtlich nennt man ihn einen „doofen Katzenkrimi-Autor" oder einen Autodidakten. Es ist der klägliche Versuch politisch korrekter Bildungskleinbürger Pirinçci als ungebildeten und ressentimentgeladenen Proleten darzustellen. Doch auch das will nicht so recht gelingen. Seine Texte sind mutiger und haben einfach mehr Saft und Ausdrucksstärke, als alles, was der durchschnittliche linke Lohnschreiber in seinem bisherigen Journalistendasein so produziert hat. Deshalb fährt man mit noch schwereren Geschützen auf.

Da vergleicht etwa Ijoma Mangold in der „Zeit" „Deutschland von Sinnen" ernsthaft mit Hitlers „Mein Kampf". In seiner Verzweiflung greift er zum ultimativen Totschlagargument, quasi zur argumentativen Wasserstoffbombe. Das ist allerdings so überdreht und lächerlich, dass es – um die Worte eines anderen linken Schreiberlings zu benutzen – schon körperlich schmerzt. Und man fragt sich, was Herr Mangold und die anderen Hirten der politisch korrekten Schafherde machen, wenn tatsächlich der böse Wolf auftaucht. Noch lauter und schriller rufen als jetzt, geht wohl nicht mehr. Auch Robert Misik ist ein Journalist am Rande des Nervenzusammenbruchs. In der taz schreibt er: „Die Rede ist vom rechten Hassprediger und Hetzschreiber Akif Pirinçci, der so doof ist, dass es körperlich schmerzt. Pirinçci (…) mit seiner Hassfibel gegen Frauen, Schwule und Zuwanderer (…)"

Oh wie pfiffig, da versucht einer den Stil von Pirinçci nachzuahmen. Netter Versuch. Nicht genügend! Und mehr oder weniger unverhohlen ruft Misik zur Zensur auf: „Ich habe den leisen Verdacht, dass an dieser unschönen Entwicklung das Internet und die mit ihm verbundene Utopie der ‚Demokratisierung' der Medien nicht ganz unschuldig sind."

Dem würde Recep Tayyip Erdoğan sicher sofort zustimmen. Freie Meinung, Demokratie! Im Kommunismus hätte es das nicht gegeben, denkt da wohl Misik, ein ehemaliges Mitglied der Gruppe Revolutionärer Marxisten. Er hat offenbar Angst um die linke Meinungs- und Deutungshoheit. Schließlich verkauft sich Pirinçcis Buch wie geschnitten Brot, während er selbst für die im Niedergang befindliche Zeitungsbranche schreiben muss. Die Zeiten ändern sich.

Hoffentlich!

Pirinçci hat mit „Deutschland von Sinnen" die politisch korrekte Kruste, die alles überzieht und erdrückt, ein Stück aufgebrochen, er hat etwas in Gang gesetzt. Hoffentlich folgen ihm andere nach. Ansonsten werden die politisch korrekten Bücklinge die Risse wieder ganz schnell mit ihrem Meinungsbrei zuschmieren.

8.4.2014

Die Aura des Bösen

Wut, Enttäuschung, Trauer, Hass: Es sind keine schönen Gefühle, die hochkommen, wenn man erfährt, dass einen der geliebte Partner jahrelang betrogen hat. Man fühlt sich hintergangen und ausgenutzt. So ähnlich dürfte es vielen linken „Spiegel"-Journalisten und Lesern gegangen sein, als bekannt wurde, dass der Verleger des „Hassbuches" von Akif Pirinçci das Manufactum-Warenhaus gegründet hat. Eine in diesen Kreisen sehr geschätzte Marke. Manufactum-Gründer Thomas Hoof ist noch dazu ein Apostat, ein vom Glauben Abgefallener. Er war einst Mitglied der Grünen, jetzt verlegt er einen „rechten Pöbelbestseller" mokiert sich der „Spiegel". Ja, da werden Emotionen frei. In Anlehnung an den Manufactum-Slogan übertiteln die beiden „Spiegel" Journalisten Georg Diez und Thomas Hüetlin ihren Artikel deshalb mit: „Es gibt sie noch, die bösen Dinge". Und das ist garantiert nicht ironisch gemeint. In ihrem Text trauern Sie den einstmals schönen, einfachen und edlen Dingen von Manufactum nach. Die beiden sind sichtlich betroffen: „Die Kette handelt nicht nur mit vermeintlich guten Dingen, die Kette verkauft eine gute Welt" (für gute Menschen, aber das schreiben sie dann doch nicht dazu). Und nun dieser „große Schock". Jetzt sind all die schönen Dinge und diese gute und heile Welt irgendwie besudelt, der Geist eines „üblen Nazis" steckt plötzlich in den edlen handgefertigten Produkten. Da hat das steingemahlene skandinavische Weizenmehl um sieben Euro das Kilo plötzlich einen ganz üblen Beigeschmack und der schwarze Herren-Kurzmantel Marineloden um 553 Euro erscheint nun in ganz anderem Licht.

Sollen die „Spiegel"-Autoren und ihre politisch korrekten Mündel die teuren Dinge, die nun die braune Aura des Bösen umweht, einfach in die Tonne treten? Eine Frage, die sich der eine oder andere gute Mensch nun tatsächlich stellen wird. Da kann man schon wütend werden. Thomas Hoof hat gut betuchten Salonmarxisten, bildungsbürgerlichen Weltrettern und Rotwein trinkenden Möchtegernrevolutionären ein gutes Lebensgefühl verkauft: „Der Gestus von Manufactum ist antikapitalistisch." Und nun stellt sich heraus, dass dieser Judas die Glaubenssätze der politischen Korrektheit ablehnt und in den Schmutz zieht. Dass er längst nichts mehr mit Manufactum zu tun hat, ist bei der ehrlichen Empörung und dem bigotten Eifer zur Nebensache verkommen, schließlich steckt noch nimmer sein böser Geist in den nunmehr entweihten Dingen. Nein, für diese Menschen ist das alles andere als absurd. Sie machen gerade eine schmerzhafte Erfahrung durch.

Mit der falschen politischen Einstellung ist alles, was jemand macht oder gemacht hat – egal wie großartig, toll und segensreich es auch sein mag – irgendwie widerlich, anstößig, pervers und ungut. Im Umkehrschluss bedeutet das, dass selbst die widerlichsten Dinge mit der richtigen politischen Einstellung akzeptabel oder sogar gut sind: etwa Sex mit Kindern (Grüne), Massenmord (Mao, Pol Pot, Castro), Terrorismus (RAF), Verfolgung oder Folter. Man kennt ja die Vorbilder, Einstellungen und Vorlieben der 68er und ihrer Epigonen.

Im selben „Spiegel"-Heft, in dem man sich über Abweichler Thomas Hoof ereifert, arbeitet der Reporter Cordt Schnibben auf zwölf Seiten die Vergangenheit seines Nazivaters auf. Dieser war in den letzten Kriegstagen an der Ermordung eines „Volksverräters", eines mutigen Mannes beteiligt, der die damals (gerade noch) herrschende Ideologie hinterfragt hat. Da haben ein paar überzeugte Nazis, selbst als sich das Ende schon abzeichnete, noch einen „Querulanten" und „Quertreiber" hingerichtet. Auf seine Leiche legten sie einen Zettel mit der Aufschrift: „Wer sein Volk verrät stirbt". Die beiden Texte in dieser „Spiegel"-Ausgabe passen gut zusammen. „Spiegel"-Autor Schnibben fragt sich, wie viel von seinem Nazi-Vater in ihm steckt und er erkennt die „komische Sehnsucht der Generation der Täterkinder, vor der Vergangenheit ihrer Eltern zu fliehen in den Dogmatismus von Maoisten, Trotzkisten und Stalinisten oder gar in die Mordlust terroristischer Werwölfe." Ob Flucht oder nicht, eine Abkehr von Kollektivismus, Dogmatismus,

Etatismus, Totalitarismus und Menschenverachtung war das jedenfalls nicht. Den Schritt in Richtung Freiheit, Individualismus, Selbstbestimmung und Eigenverantwortung haben die meisten bis heute nicht getan oder geschafft. Dies hätte einen grundlegenden und schmerzhaften Umdenkprozess vorausgesetzt. Zu tief ist dieses Denken offenbar in den Köpfen verwurzelt.

Stattdessen hat man es sich so wie die Eltern am wärmenden Kaminfeuer eines starken Staates gemütlich gemacht. Es steckt viel mehr „Nazi" in den „Täterkindern", als den 68ern und ihren politisch korrekten Epigonen lieb ist. Denn die „gelegentlichen antisemitischen Reflexe" oder die „verstörende Kälte behinderten Menschen gegenüber", die Cordt Schnibben an sich diagnostiziert, sind nur die Symptome. Feindbilder und Sündenböcke ändern sich mit den Zeiten, Umständen und Gegebenheiten, an ihnen kann man die Grundmuster und Strukturen einer Ideologie nicht festmachen. Dazu muss man weiter in die Tiefe gehen.

Jedenfalls sind die Anhänger der politischen Korrektheit, die ja nichts anders als ein weiterer sozialistischer Aufguss in zeitgemäßer Verpackung ist, von ihrer Gesinnung und der Richtigkeit ihres Denkens und Handelns so tief überzeugt, dass sie all ihre Kritiker, wie etwa Akif Pirinçci, mit einem beängstigenden Eifer und Furor diffamieren, beschimpfen, verleumden und sozial ausgrenzen.

Sie glauben aus tiefster Überzeugung den Wahrheitsanspruch gepachtet zu haben. Und keiner dieser selbstgerechten Vertreter des rezenten Zeitgeistes kommt auch nur eine Sekunde lang auf die Idee, dass es genau dieses Verhalten, dieses Denken und dieses unreflektierte Mitläufertum ist, das sie mit ihren „Nazieltern" gemein haben könnten. Dass das gerade beim vermeintlichen und besonders gründlichen „Kampf gegen rechts" so offen zu Tage tritt, ist komisch und tragisch zugleich. Die Geschichte wiederholt sich als Farce.

Denn die Verfolgung und Ausgrenzung Andersdenkender wird mit einer Überzeugung, Inbrunst und Skrupellosigkeit betrieben, die wirklich Angst macht und an dunkle Zeiten erinnert. Und dabei wird die Schraube immer weiter angedreht. Die Meinungsfreiheit wird Schritt für Schritt eingeschränkt, zunehmend auch juristisch. Der soziale Druck auf die „Verräter" wird immer größer. Selbstverständlich nur für die gute Sache. Auch daran hat sich nichts geändert. Die politische Korrektheit nimmt immer totalitärere Züge an.

Es wird längst nicht mehr argumentiert oder differenziert, es wird einfach drübergefahren. Jeder, der nicht auf Linie ist, ist ein Rechter, ein Nazi und damit mehr oder weniger zum sozialen Abschuss freigegeben. Da verlässt sich der brave politisch korrekte Untertan auch ganz auf die Meinung seiner Rädelsführer in den Mainstream-Medien, Universitäten, Kultureinrichtungen, Amtsstuben und Ministerien. Wie viele seiner Kritiker haben Pirinçcis Buch „Deutschland von Sinnen" tatsächlich gelesen und sich ernsthaft mit seinen Aussagen auseinandergesetzt? Und wie viele verlassen sich einfach nur auf die Meinung anderer?

Wer etwa, so wie der „Spiegel" im Zuge der Pirinçci-Hetze, die Zeitschrift Eigentümlich frei mit ihren Säulenheiligen Friedrich August von Hayek oder Ludwig von Mises als „rechts" bezeichnet, hat entweder böse Absichten oder ist ungebildet, ein vollkommen Ahnungsloser oder jemand, der einfach die Behauptungen anderer unhinterfragt nachplappert.

Da ist die ängstliche Frage, wie viel von den Nazi-(Groß)Eltern in einem selbst steckt durchaus berechtigt. Vielleicht sollten die politisch korrekten Weltverbesserer doch einen kurzen und möglichst unvoreingenommenen Blick in Pirinçcis Buch werfen. Das ist für viele Gutmenschen kein einfacher Schritt, das ist fast so, wie damals den Feindsender zu hören. Die Furcht ist groß. Wer von der verbotenen Frucht isst, der könnte aus dem bunten fröhlichen Multikulti-Öko-Gender-Paradies, das uns Medien und Politik Tag für Tag vorgaukeln, vertrieben und aus der Gemeinschaft der Guten ausgeschlossen werden. Es ist ein Grundbedürfnis der meisten Menschen, sich der Mehrheitsmeinung anzuschließen, das gibt Sicherheit und erspart Selbstzweifel.

Auch das ist nichts Neues. Aber damals wie heute lohnt es sich, seine eigene Meinung unabhängig von der dominanten Ideologie und den Meinungsführern zu bilden. Und das Gute daran: Es ist heute wesentlich ungefährlicher als damals.

19.4.2014

Die heimischen Quotenmusiker

Mit einem flapsigen Sager hat Ö3-Moderatorin Elke Lichtenegger eine gewaltige Diskussion losgetreten, die den Machern von Ö3 größte Sorgen bereiten dürfte. Es geht um österreichische Musik im Radio oder besser auf Ö3. Derzeit laufen heimische Popsongs eher selten im öffentlich-rechtlichen Hit-Radio. Heimische Bands und Musikschaffende fühlen sich übergangen. Sie fordern (übrigens seit Jahrzehnten) eine Musikquote. Ö3 soll verpflichtet werden, einen bestimmten Prozentsatz an heimischen Titeln zu spielen. Die Rede ist meist von 30 bis 40%. Dadurch erhoffen sich heimische Bands, Produzenten und Labels größere Aufmerksamkeit und natürlich vor allem mehr Geld - schon alleine wegen der anfallenden Urheberrechtsgebühren, die die Radios zahlen müssen. So einfach ist das aber nicht. Dass Ö3 und der ORF über eine solche Österreicher-Quote alles andere als glücklich sind, ist aus deren Sicht verständlich. Denn Ö3 ist eine Cash-Cow.

Der Sender ist Ende der 90er Jahre von der deutschen Radio-Beratungsfirma BCI erfolgreich in ein kommerzielles AC-Formatradio (Adult Contemporary) umgebaut worden. Bis heute ist Ö3 überlegener Marktführer. So etwas schafft man nur mit massentauglichen Inhalten und einer ausgefeilten und guten Programm-, Marketing- und Musikstrategie. Denn die Konkurrenz, allen voran Kronehit, schläft nicht.

Mit einem öffentlich-rechtlichen Auftrag hat das natürlich recht wenig zu tun. Die Einführung einer Österreichquote würde das Ende von Ö3 in seiner derzeitigen kommerziellen Form und Ausrichtung bedeuten. Tagesreichweiten und Marktanteile würden einbrechen. Denn es ist nicht so, dass Ö3 heimische Bands mutwillig oder aus Arroganz nicht spielt. Einziger Grund dafür: heimische Popmusik kommt bei den Österreichern nicht so gut an, wie internationale Hits.

Das mag vielen Bands nicht schmecken, ist aber empirisch belegbar. Moderne und erfolgreiche Hitsender testen jeden einzelnen Musiktitel, der in ihren Programmen läuft bzw. laufen soll, in der jeweiligen Zielgruppe ab. Und das zumeist im Wochenrhythmus. Musikprogrammierung auf Basis von Marktforschungsdaten, klingt unsexy, ist aber so. Auch die in der heimischen Musikszene gerne verbreitete Verschwörungstheorie, wonach die böse Musikindustrie Radiosender in ihrem Sinne manipuliert, ist absoluter Humbug. Kein Sender kann es sich leisten, einen Titel, der bei seinen Stammhörern schlecht ankommt, mehrmals täglich zu spielen. Denn der Effekt ist nämlich nicht, dass der Titel ein (Verkaufs-)Hit wird, sondern, dass die Hörer den Sender wechseln. Und das wäre eine Art Formatradio-Super-GAU.

Moderne Musikprogrammierung basiert auf den laufenden Ergebnissen von repräsentativen

Befragungen. Bei der Musikplanung herrscht im kommerziellen Formatradio die freie und globale Marktwirtschaft: Die Nachfrage bestimmt das Angebot. Übrigens sehr zum Ärger der Radiomacher, die wollen nämlich auch nicht den neuen Shakira-Hit über Wochen täglich bis zu 10 Mal spielen. Aber Hörer sind gnadenlos und wechseln sofort den Sender, wenn sie nicht bekommen, was sie wollen. Das bei Künstlern und Linken so beliebte Lamentieren über die angebliche Blödheit und Kulturlosigkeit des Durchschnittsösterreichers soll hier nicht weiter kommentiert werden.

Nun kann man, um beim Vergleich mit der Marktwirtschaft zu bleiben, durch Protektionismus natürlich österreichische Musik fördern. Allerdings ist die Vorstellung der heimischen Musikbranche, dass man die Bürger zu einem „besseren" (?) Musikgeschmack erziehen kann, etwas naiv. Vor allem deshalb, weil Radio in Zeiten von YouTube, Spotify und iTunes schon längst nicht mehr die Kraft besitzt, Hits zu generieren; falls das je funktioniert haben sollte. Außerdem sollte in einem freien Land jeder für sich selbst entscheiden dürfen, was er hören will.

Eine Österreichquote für alle heimischen Radios, also auch für Privatsender, ist deshalb strikt abzulehnen. Das ist nichts anderes als Zensur. Weißrusslands Radiosender haben übrigens eine Quote von 75 Prozent. Auch Frankreich hat eine (durchaus problematische) Quote, allerdings betrifft sie die französische Sprache (und nicht die Herkunft der Titel). Quote ist fast immer ein Euphemismus für Verbote und Diskriminierungen. Eine Quote nur für Ö3 wäre allerdings eine sinnvolle Maßnahme. Ö3 hätte damit plötzlich eine echte öffentlich-rechtliche Funktion: die Förderung der heimischen Musik. Die Aufgaben im dualen österreichischen Rundfunksystem wären damit wieder richtig verteilt. Kommerz-Sender senden Kommerz, der öffentlich-rechtliche Rundfunk erfüllt jene Aufgaben, die die privaten Anbieter nicht leisten können oder wollen.

Die Zeiten als reichweitenstarkes Hitradio und als Cash-Cow wären für Ö3 damit allerdings vorbei, private Radiosender würden von diesem Schritt massiv profitieren. Eine durch und durch sinnvolle Maßnahme. Auch die heimische Musikbranche würde davon profitieren, allerdings bei weitem nicht so wie erhofft. Denn der Hörer lässt sich nicht zu „besserer Musik" - was immer das auch sein mag - erziehen. Er hat genügend Alternativen, um auf andere Sender umzusteigen. Und das wird er auch tun. Eine Quote für alle Radios können die Musikschaffenden nicht ernsthaft wollen, das erinnert irgendwie an „Ausländer-raus"-Parolen. Ganz abgesehen von der Frage, was österreichische Musik überhaupt ist?

Muss der Sänger, Komponist oder Produzent österreichischer Staatsbürger sein, genügt eine gültige Aufenthaltsgenehmigung oder ein laufendes

Asylverfahren? Muss der Text gar in deutscher Sprache sein? Wenn es sie selbst betrifft, dann sind auch die Künstler nicht mehr ganz so weltoffen, wie sie sich gerne selbst darstellen.

29.4.2014

Eurovision Song Contest: Homophobe dringend gesucht

Conchita Wurst vertritt Österreich diese Woche beim Eurovision Song Contest in Kopenhagen. Wurst ist eine Kunstfigur. Bei ihr handelt es sich um den jungen Tom Neuwirth, der bisher erfolglos versucht hat, im Musikgeschäft Karriere zu machen. Erst als er sich in Damenkleider gezwängt und sich einen Bart ins Gesicht gepinselt hat, hat es geklappt. Hinter Wurst steht der öffentlich-rechtliche Rundfunk, der ORF. Er hat sie ohne jede Publikumsbeteiligung, wie das sonst üblich ist, nominiert. Die Wurst ist derzeit auf allen ORF-Kanälen omnipräsent. Der ORF versucht alles, um einen Hype rund um den Herrn mit Bart und Damenkleidern zu erzeugen. Da ist es auch nicht so wichtig, dass sein Gesang eher durchschnittlich ist. Das machen Vollbart, weibliches Aussehen und Glitzerkostüme wieder wett. Keine schlechten PR-Strategie. Wurst ist ein öffentlich-rechtlicher Werbeträger für die Gender-Mainstream-Ideologie. Ein Staatskünstler durch und durch. Die schrille Kunstfigur soll den Beweis liefern, dass man Geschlechterrollen und -identitäten annehmen und wechseln kann, wie es einem gerade beliebt. Man nutzt den Aufmerksamkeitseffekt, den ein bärtiger Transvestit generiert, um einem möglichst großen Publikum mitzuteilen, dass dies der neuen gesellschaftlichen Norm entspricht. Die Wurst als leuchtendes Vorbild und Prototyp des neuen

Menschen, wie ihn sich die neosozialistischen Gesellschaftsingenieure erträumen.

Der Song-Contest-Auftritt von Conchita Wurst wird deshalb als mutiger Kampf für mehr Toleranz und Offenheit inszeniert. Das funktioniert auch ganz gut. In Kopenhagen sorgt sie/er für Aufsehen, wie der ORF nicht müde wird zu berichten. Nur eines läuft nicht ganz so wie gewollt. Wer „kämpft", der braucht zwingend auch einen Gegner, einen Feind. Doch daran mangelt es der Wurst und dem ORF. Schließlich rennt man ohnehin nur offene Türen ein. Schwulsein wird im politisch korrekten Europa ohnehin von den neosozialistischen Meinungsführern als cooler, bunter und erstrebenswerter Lifestyle verkauft, ganz im Gegensatz zur miefigen Heterofamilie, der Brutstätte von (häuslicher) Gewalt, rechtem Gedankengut und anderen grauslichen Dingen. Die Wurst quasi als politisch korrekte Version der Kelly-Family.

Deshalb muss der ORF etwas nachhelfen und die kaum vorhanden Aufregung um die Wurst übergroß aufblasen. Da wird sogar ein unbedeutender russischer Lokalpolitiker ausgegraben. Dieser Witali Milonow hat nämlich einen Brief an die russische Regierung geschrieben. Darin fordert er den Boykott der „europaweiten Schwulenparade". Gemeint ist der Song Contest. Noch einmal Glück gehabt, zumindest ein Politiker hat sich gefunden, wenn auch nur ein Lokalpolitiker. Allerdings schreibt Herr Milonow andauernd solche Briefe. Eine Art Hobby von ihm. Er hat auch schon gegen Lady Gaga oder Madonna gewettert. Für den ORF reicht das aber allemal, um sich über Homophobie und Intoleranz zu beklagen und das Lieblingswort aller dauerempörten und erregten Gutmenschen gleich mehrmals in einem einzigen Wurst-Beitrag in den TV-Nachrichten zu verwenden: „Hetze".

Und Herr/Frau Wurst darf entrüstet und mutig zugleich ins ORF-Mikro sagen: „Was für eine Angst hat eine Regierung, dass ich mit meinem Auftritt ein ganzes Land umwerfen könnte?" Bitte jetzt nicht größenwahnsinnig werden. Herr Milonow ist ein Lokalpolitiker und nicht die russische Regierung. Die ist derzeit außerdem mit zugegebenermaßen nicht ganz so wichtigen Problemen wie dem singenden Damenbart beschäftigt: Stichworte: Ukraine, Krim, Sanktionen. Wie auch immer. Gegen weitgehend selbst erfundene und aufgeblasene Feinde und Gefahren zu kämpfen, ist bequem und man kann sich trotzdem gut und moralisch überlegen fühlen. So eine Art geistiges Wellness-Programm für träge Gutmenschen. Wenn man damit auch noch Geld verdient und berühmt wird, dann hat man den Jackpot in der politisch korrekten Umverteilungsanstalt geknackt.

7.5.2014

Die wahren Song Contest-Sieger

Es ist vor allem ein Sieg für Vielfalt und Toleranz in Europa. Das sagt der erste Mann in Österreich, Bundespräsident Heinz Fischer. Solche Phrasen und Stehsätze werden derzeit in ganz Europa inflationär gebraucht. Politiker aller Parteien, Intellektuelle, Künstler, Journalisten und auch Männer der Kirche sind nach dem Song-Contest-Sieg von Conchita Wurst im Toleranz-Rausch. Man entkommt dem Wurst-Fieber nicht. Alle Medien, vom Boulevard bis zu den Qualitätsblättern, sind voll mit der bärtigen Drag-Queen und ihrer Toleranzfrohbotschaft. Männer und Frauen malen sich und ihren ahnungslosen Kindern Bärte ins Gesicht und stellen die Fotos massenweise auf Facebook. Verzopfte linke Intellektuelle sind über Nacht zu Fans von Schnulzen, simplen Botschaften und „kulturell minderwertigen" Massenveranstaltungen geworden. Der Wurst-Sieg hat ein wahres Massenphänomen ausgelöst. Das ist auch abseits aller gesellschaftpolitischer Botschaften, Zielsetzungen und Folgewirkungen beängstigend.

Ganz Europa im Wurst-Fieber. Und im Sog dieser Euphorie treten sogleich jene auf den Plan, die einen eher fragwürdigen Begriff von Toleranz haben. Jene, die die in den vergangene Tagen extrem überstrapazierten Begriffe wie Diversität, Vielfalt, Bunt- oder Offenheit nur als Camouflage für ihre eigentlichen Ziele und gesellschaftpoltischen Utopien nutzen. Sie sehen jetzt eine gute Chance, ihre speziellen Wünsche, Interessen und Forderungen durchzusetzen.

An vorderster Front: Ulrike Lunacek. Auch sie ist Österreicherin, lesbisch und sitzt für die Grünen im Europaparlament. Vor wenigen Monaten hat das Europaparlament den nach ihr benannten Lunacek-Bericht angenommen. In diesem „Fahrplan gegen Homophobie" heißt es unter Punkt „Hasstiraden und durch Hass motivierte Straftaten", „(…) strafrechtliche Bekämpfung bestimmter Formen und Ausdrucksweisen von Rassismus und Fremdenfeindlichkeit neu zu fassen, der auch für andere Formen der durch Vorurteile bedingten Kriminalität und der Aufstachelung zum Hass, unter anderem aus Gründen der sexuellen Orientierung und der Geschlechtsidentität, gelten muss."

Hier geht es um nichts weniger als Meinungsdelikte mit Hasskriminalität gleichzusetzen. Haftstrafen inklusive. Und was eine „Hasstirade" oder eine „Aufstachelung" ist, das bestimmen die politisch korrekten Meinungsführer bekanntlich im Alleingang. Die politisch korrekte Inquisition sammelt nach dem Wurstsieg bereits die Holzscheite für die Scheiterhaufen für „Homophobe". Und wer die Meinungsspalten in den Mainstreammedien der letzten Tage gelesen hat, der weiß, dass fast jeder Hetero zumindest etwas homophob ist. Auch wenn er es abstreitet und es ihm gar nicht bewusst ist. Sollte man sich also gegenüber Frau Wurst oder andern

Schwulen im Ton vergreifen, dann drohen Vor- und Gefängnisstrafen. Die bisherigen Gesetze, die alle Menschen gleichermaßen vor Beleidigungen, Anfeindungen oder Drohungen schützen, reichen für Schwule offenbar nicht aus. Man beansprucht eine Sonderstellung. Und wer weiß schon, ab wann eine Kritik zur „Hasstirade" wird? Im Zweifel also lieber den Mund halten. Der Willkür werden damit Tür und Tor geöffnet, das Recht auf Meinungsfreiheit wird weiter beschnitten. Selbstredend ganz im Sinne von Offenheit und Toleranz. In der allgemeinen Wurst-Euphorie hat Frau Lunacek auch bereits angekündigt, mit ihrem nicht ganz so toleranten Forderungskatalog jetzt noch mehr Druck auf die EU-Kommission auszuüben.

Haben die vielen Europäer, die mit ihrem Wurst-Votum ein Zeichen für Toleranz und Offenheit setzen wollten, tatsächlich auch für solche perfiden Pläne stimmen wollen? Nach der Wurst-Party werden viele mit einem schlimmen Kater aufwachen. Die Schwulen- und Lesbenverbände nutzen die Gunst der Stunde. Conchitas Sieg sei ein Schritt in die richtige Richtung, so der Tenor. Wie viele Schritte muss Europa noch gehen, damit auch alle Wünsche und Ziele endlich und restlos erfüllt werden? Es dürfte ein Marathon werden, denn den komfortablen Opferstatus will man so schnell nicht aufgeben. Schon jetzt haben Schwule und Lesben und andere sexuelle Minderheiten eine der stärksten und durchsetzungsfähigsten Lobbys in Europa. Dagegen sind die medial dämonisierten Atom- oder Agrarlobbys Waisenknaben. Und auch jene, die mit ihren Bildungsplänen in bester Cohn-Bendit-Manier bereits Klein- und Grundschulkindern ihre persönlichen Vorstellungen von Sexualität aufzwingen wollen, haben jetzt enormen Rückenwind bekommen. Die Wurst hat für all diese Gruppen mit ihren ganz speziellen Interessen, Zielen und Utopien eine breite Schneise geschlagen. Die politisch korrekte Marketing- und Politstrategie mit Gallionsfigur Conchita Wurst hat eingeschlagen wie eine Bombe. Jetzt heißt es für die Neosozialisten, den Hype um die bärtige Drag-Queen zu nutzen, um so möglichst schnell und effektiv Fakten zu schaffen, die letzten verblieben „reaktionären Kräfte" weiter zu schwächen und neue gesellschaftpolitische Trends zu setzen. The Show Must Go On.

17.5.2014

Öffentlich-rechtlicher Rundfunk: Hart aber unfair

Frank Plasberg: hart, fair, unabhängig, kritisch. So wird der ARD Vorzeige-Journalist gerne präsentiert und vermarktet. Eine Gallionsfigur des öffentlich-rechtlichen Fernsehjournalismus in Deutschland. Die Wirklichkeit sieht anders aus. Plasberg ist nichts weiter als ein Hofschranze der SPD. Das hat jetzt Journalist und Autor Henryk M. Broder aufgezeigt. Broder hatte in der Welt über die üppigen Zusatzeinkommen von Martin Schulz, SPD-Spitzenkandidat für die EU-Wahl, berichtet. Dieser kassiert auch an jenen Tagen Taggeld vom EU-Parlament, an denen er gar nicht anwesend ist - und zwar das ganze Jahr über. Damit fließen über 100.000 Euro pro Jahr zusätzlich in die ohnehin prall gefüllten Taschen von Herrn Schulz. Ein wunderbares Beispiel für die Dreistigkeit und Abgehobenheit, mit der das politische Spitzenpersonal in Brüssel agiert und warum der Frust auf die EU bei vielen Europäern so groß ist.

Einen Tag nach der Veröffentlichung in der Welt war Broder bei Plasbergs Sendung „Hart aber fair" eingeladen. Thema: „Stehen die Euro-Gegner vor dem Triumph?" Was liegt näher, als den Schulz-Skandal in dieser Sendung auszuschlachten. Doch es geht nicht um einen AfD-Kandidaten, sondern um die SPD und deren möglichen künftigen EU-Kommissions-präsidenten und so kommt es anders. Plasberg bittet Broder kurz vor der Sendung in einem

Vier-Augen-Gespräch, diese Affaire nicht zu erwähnen, weil es schon genug Ärger mit der SPD gegeben habe. Broder willigt ein. Erst nach der Sendung geht ihm auf, was da eigentlich passiert ist und er macht die ganze Geschichte publik.

Was Broder hier öffentlich gemacht hat, ist in Wahrheit Alltag im öffentlich-rechtlichen Rundfunk. Es gehört quasi zum Berufsbild der großzügig entlohnten Staatsfunk-Redakteure. Das ist der Deal. Etwas anderes zu glauben ist naiv. Nicht Objektivität oder Unabhängigkeit sind die Grundlagen und das Fundament des öffentlich-rechtlichen Rundfunks. Die wahre Existenzberechtigung ist genau diese Willfährigkeit der Anstaltsmitarbeiter gegenüber den Regierenden. Egal ob in Deutschland oder Österreich. Warum auch sonst hätte die SPÖ mit Zähnen und Klauen jahrzehntelang das ORF-Rundfunkmonopol gegen private Mitbewerber verteidigt und damit die Meinungsfreiheit entgegen den demokratischen Grundrechten eingeschränkt? Für den Erhalt der österreichischen Identität, für einen unabhängigen oder qualitativ hochwertigen Rundfunk? Lächerlich.

Der ORF war für die SPÖ stets ein wichtiges Instrument zur Erreichung ihrer politischen Ziele und zum Erhalt der eigenen Macht. Der ORF war und ist nichts anderes als ein Propagandasender. Genau dafür sind öffentlich-rechtliche Sender da. Das ist trotz aller politischen Nebelgranaten eine ihrer wichtigsten Funktionen. Die Staats- und Politiknähe ist ein

Konstruktionsmerkmal all dieser Anstalten. Egal wie man den öffentlich-rechtlichen Rundfunk organsiert, strukturiert, rechtlich verankert oder welche Gremien man schafft, die Abhängigkeit von der Politik bleibt trotz aller zwischengeschalteten Instanzen ebenso bestehen wie die stets vorhandenen Gelüste der Mächtigen, sich dieser Rundfunkanstalten als Propaganda- und Machtinstrument zu bedienen. Und auch die Rundfunk-Mitarbeiter lassen sich nur allzu gerne von hohen Gehältern und anderen Privilegien verführen. Die Versuchungen sind für beide Seiten offenbar zu groß. Da helfen auch keine komplexen gesetzlichen und organisatorischen Konstruktionen, die vor allem dazu dienen, den Schein der Unabhängigkeit mehr schlecht als recht zu wahren,

Natürlich gibt es von Land zu Land graduelle Unterschiede. So mag es durchaus sein, dass die BBC etwas unabhängiger agiert als ORF, RAI, WDR oder MTV (Magyar Televízió). Aber auch die vielgelobten BBC-Mitarbeiter hatten erst vor kurzem öffentlich eingestanden, aus poltischer Korrektheit und Opportunismus jahrzehntelang tendenziös über Einwanderung, Einwanderungspolitik und die daraus entstehende Probleme berichtet zu haben. Und natürlich haben und hatten Berlusconi, Faymann oder Orban Wünsche und Forderungen an „ihre" Anstalten, die diese, unüberseh- und -hörbar, auch gerne erfüllt haben und erfüllen.

Öffentlich-rechtliche Sender können aufgrund ihrer Organisation und Struktur niemals unabhängig sein. Die Machthaber, die Gesetzgeber, können, unter welchem Vorwand auch immer, den öffentlich-rechtlich Rundfunk nach ihren Wünschen organisieren und umgestalten. Was sie auch immer wieder tun. Tatsache ist, dass die Regierungen den öffentlich-rechtlichen Rundfunk wesentlich mehr brauchen als die Bevölkerungen Europas. Das ist auch die beste Existenzgarantie für diese Anstalten, solange sie nur brav jene Aufgaben erfüllen, die ihnen die Regierenden zugedacht haben.

18.05.2014

Der ORF und die linke Gewalt

Es ist mittlerweile ein Ritual. Wenn poltische Gruppierungen rechts der Mitte in Wien demonstrieren oder eine größere Veranstaltung abhalten, treten sofort gewaltbereite Linksextremisten auf den Plan. Sie attackieren Polizisten, randalieren, zerstören Geschäfte und Polizeiautos. So geschehen beim Akademikerball Ende Jänner und so geschehen bei einer Demonstration der identitären Bewegung vor wenigen Tagen. Auch die ORF-Berichterstattung folgt dabei stets einem einheitlichen Muster. Mit schwammigen Formulierungen und zweideutigen Schlagzeilen versucht der Staatsfunk bewusst seine Hörer und Seher zu verwirren und den Eindruck zu erwecken, dass die „Rechten" Auslöser und Verursacher der Gewalt gewesen wären. In beiden Fällen, beim Akademikerball und bei der Identitärendemo, haben allerdings nur die linken Gegendemonstranten gewütet.

Damit machen sich der ORF und einige andere Mainstreammedien zu Unterstützern gewaltbereiter Linksextremisten. Diese dürfen stets mit wohlwollender und entsprechend einseitiger Berichterstattung rechnen. Zu dieser Strategie gehört auch die mediale Inszenierung vom linken Mob als unschuldiges Opfer polizeilicher Gewalt. Die Täter-Opfer Umkehr beherrschen ORF, Linke und Grüne aus dem Effeff. Dafür tut man sich im öffentlich-rechtlichen Rundfunk mit den journalistischen

Tugenden wie Objektivität oder Unabhängigkeit umso schwerer. Aber auch das gehört zum Ritual. Bei praktisch jeder linken Gewaltdemo berichtet der ORF möglichst ausführlich, schnell und ungefiltert über die immer gleichen Vorwürfe linker Demonstranten gegenüber der Polizei und mögen sich nicht so abstrus sein. Dabei geht es den Linksextremisten mit Unterstützung der Grünen stets darum, die Polizei als möglichst brutal, gewalttätig und unfähig hinzustellen. Und der ORF spielt mit.

Es ist immer dieselbe Schmierenkomödie: Nicht die vermummten schwarz gekleideten und mit Steinschleudern, Steinen und sonstigen Wurfgeschossen bewaffneten Chaoten sind an der Gewalt und Zerstörung schuld, sondern die „Scheißbullen", wie die „Antifaschisten" gerne Polizeibeamte bezeichnen. Besonders weit getrieben haben es die Linksextremisten bei ihrer der jüngsten Gewalt-Demo. Sie haben der Polizei vorgeworfen, dass mehrere Beamte eine schwangere Frau so brutal attackiert haben, dass diese ihr ungeborenes Kind verloren hätte. Die Horrorstory hat sich aber schnell als frei erfunden herausgestellt. Trotzdem hat der linksextreme PR-Gag dank Unterstützung des ORF gut funktioniert.

Denn man hat selbstredend ausführlich über die Vorwürfe berichtet. Nicht mehr ganz so engagiert war man allerdings danach, als der Fake ans Tageslicht gekommen ist. Stattdessen hat der ORF einen neuen

Aufhänger. Und auch das gehört zum Ritual. Es wird praktisch nur noch über den Polizeieinsatz berichtet. Dabei helfen auch die Grünen, eine Hand wäscht schließlich die andere, brav mit, die stets mediengerecht und wie aufs Stichwort scharfe Konsequenzen fordern und absurde Forderungen stellen. Auch das ist integrativer Bestandteil dieser Inszenierung. In der linken Reichshälfte spielt man sich den Ball solange zu, bis die „reaktionären" Gegenspieler aufgeben und er endlich im Tor ist, bis man seine poltischen Ziele erreicht hat. Wenn es der Sache dient, schaltet sich auch schon mal der Bundespräsident mit besorgter Miene und erhobenem Zeigefinger ein, wie zuletzt beim Akademikerball. Und Wiens Bürgermeister will nach den linken Gewaltakten gegen die Polizei die Identitären verbieten lassen.

Das geschieht freilich nur zum Wohle unseres Landes, stehen doch die gewaltbereiten linksextremen Schmuddelkinder in den Augen des politisch korrekten Bürgertums auf der richtigen Seite und die medial herbei fantasierten „rechten Horden" kurz vor der Machtübernahme. Es reicht jedenfalls, dass all diese Gewalttaten und Zerstörungen unter dem antifaschistischen Deckmantel passieren. Im ORF hat man dieses Motiv noch nie ernsthaft in Frage gestellt. Was sind das für Antifaschisten, die mit Steinen und Eisenstangen auf Polizisten losgehen, die nichts anders tun, als die demokratischen Grundrechte auch nichtlinker Menschen verteidigen? Was sind das für Antifaschisten, die (jüdische) Geschäfte zerstören? Was sind das für Antifaschisten, die eine Spur der Verwüstung durch die Innenstadt ziehen und unbeteiligte Menschen in Angst und Schrecken versetzen? Der linke Mob befindet sich im permanenten Widerstand und zwar gegen alles, was politisch nicht links ist. Man versucht mit aller Gewalt die demokratischen Rechte politische Andersdenkender einzuschränken. Die mittlerweile senil und träge gewordenen 68er und ihre Epigonen, die nach dem Marsch durch die Institution überall an wichtigen Positionen sitzen, hegen mehr oder weniger offen Sympathien für diese Extremisten; auch im ORF. Das darf aber nicht weiter verwundern. Sitzen doch in den Redaktionen fast ausschließlich überzeugte Linke. Bei der Arbeiterkammerwahl 2009 haben etwa im Sprengel „Ö3 und Online" über 33% der ORF-Mitarbeiter die Grünen und 46% die Sozialisten gewählt.

20.05.2014

Der Rassismus der Antirassisten

Wann immer der ORF über Gewalt und Verbrechen berichtet, sind die Angaben zu den Tätern oder Verdächtigen meist spärlich. Sie beschränken sich in der Regel auf Alter und Geschlecht. Oft ist dann von „Jugendlichen" oder „Jugendbanden" die Rede, als ob deren jugendliches Alter die einzige Gemeinsamkeit wäre. Das ist beim Staatsfunk und bei vielen anderen Mainstreammedien zum journalistischen Standard geworden. Die Herkunft oder den (verräterischen) Vornamen des Täters erfährt der Seher oder Hörer nur noch selten. Die wenigen Zeitungen, die ihre Leser trotzdem darüber informieren, werden als xenophob und hetzerisch denunziert. Wer aus bestimmten Weltgegenden kommt oder bestimmten Kulturen angehört, der darf nur als Opfer bzw. als Fallbeispiel für gelungene Einwanderungspolitik in den Medien präsentiert werden, alles andere ist tabu. Das ist ein nahezu allgemeingültiges und (noch) ungeschriebenes journalistisches Gesetz.

Von dieser informellen Vereinbarung sind aber auch viele Kulturen und Nationen ausgenommen. Manchmal ist die Herkunft eines Täters sogar ganz besonders interessant und wichtig. Etwa in jenem Fall, wo eine junge Mutter ihr Kind in einer Zugstoilette gleich nach der Geburt getötet haben soll. Der ORF berichtet darüber auf all seinen Kanälen. So titelt etwa der Teletext: Totes Baby in Zug: Mutter gefasst – Studentin (21) aus Südkorea

Der Staatssender posaunt es regelrecht heraus: eine Südkoreanerin! Was für eine Sensation! Wenn allerdings, so wie vor kurzem in Wien, Jugendliche auf andere Jugendliche schießen, dann erfährt der Gebührenzahler nichts über deren Herkunft. Und das hat seinen Grund. Das Muster dahinter ist äußerst simpel und ohnehin für alle Beteiligten, den Journalisten, den Rezipienten und den Politikern, kein Geheimnis. Bei Tätern, die aus Ländern oder Regionen kommen, die in unserer Kriminalstatistik überrepräsentiert sind, wird die Herkunft oder der Migrationshintergrund fast immer verschwiegen. Um eben genau diesen Sachverhalt zu verschleiern. Diese Selbstzensur ist mittlerweile fast lückenlos und flächendeckend.

Der Staatssender steckt wie ein Vogelstrauß seinen Kopf in den Sand und schon sind die Probleme weg und die dafür verantwortlichen Politiker brauchen sich nicht mehr damit herumschlagen. Aus den Augen aus dem Sinn. Der Unterschied zwischen deiner ZiB und der darauffolgenden Rosamunde Pilcher Verfilmung ist so groß nicht. Umgekehrt werden Täter aus Gruppen, die in der Statistik unterrepräsentiert sind, in der ORF-Berichterstattung besonders erwähnt und hervorgehoben. Wenn die Unholde eingeborene Österreicher sind oder aus entwickelten und demokratischen Industrienationen kommen, dann wird das medial groß aufgeblasen und regelrecht zelebriert. Kommt ja auch nicht alle Tage vor.

Dieser unterschiedliche Umgang mit Tätern unterschiedlicher Herkunft widerspricht allen journalistischen Grundregeln, ist zutiefst rassistisch, manipulativ und vollkommen unverantwortlich. Der ORF vermittelt gezielt ein vollkommen verzerrtes Bild der Wirklichkeit. Die wahren Verhältnisse werden aus ideologischen Gründen verschleiert. Diese Methoden erinnern frappant an jene in faschistischen oder kommunistischen Diktaturen. Die Menschen werden manipuliert, belogen und mit gesiebten Informationen abgespeist. Aber weder in diesen Diktaturen noch im rezenten Österreich sind die Menschen so dumm, wie das die Staatsfunker und die politisch korrekte Machtelite gerne hätte. So wie etwa in der DDR können auch die Österreicher mittlerweile sehr gut zwischen den Zeilen lesen. Wenn der ORF also nur von kriminellen „Jugendbanden" berichtet, dann gehen die meisten davon aus, dass deren Mitglieder nicht Franz, Walter oder Herbert heißen. Damit führt sich die politisch korrekte Volkspädagogik ohnehin ad absurdum. Da wäre es klüger, die Menschen gleich umfassend und ehrlich zu informieren. Dazu bedarf es allerdings einer gewissen Größe und Unabhängigkeit.

24.05.2014

Der ORF und die Populisten

Die Gewinner der EU-Wahl haben viele Namen: Rechtspopulisten, Populisten, Rechtsextreme, Euro-Hasser oder Europa-Feinde. Parteien, die die engen und genau festgelegten politisch korrekten Grenzen sprengen, und das geht nur auf der konservativen und rechten Seite des politischen Spektrums, werden in der medialen Berichterstattung stets mit wertenden und abwertenden Zusätzen versehen. Die UKIP ist niemals nur die UKIP, sondern stets die rechtspopulistische oder populistische UKIP. Der Front National wird automatisch als rechtsextrem oder rechtspopulistisch eingestuft. So viel Zeit muss sein. Es darf den Bürgern einfach nicht selbst überlassen werden, wie sie bestimmte Parteien politisch einordnen und beurteilen. Die Wertung wird bei EU kritischen Parteien oder Parteien rechts der Mitte stets mitgeliefert, das erledigt der öffentlich-rechtliche Rundfunk als Gratisservice gleich mit. Der beliebteste Kampfbegriff ist dabei „Populist", obwohl Populismus kein exklusiv rechtes Phänomen ist, was Sozialisten, Grüne und andere linke Gruppierungen täglich aufs Neue beweisen. Das Label Populist wird trotzdem nur jenen umgehängt, die rechts der politischen Mitte stehen oder libertär/neoliberal eingestellt sind. Es herrscht quasi Kennzeichnungspflicht für politisch Unbequeme und Andersdenkende.

In der ZiB2 am Tag nach der EU-Wahl spricht Armin Wolf von „Rechtsextremen" oder „vom Durchmarsch" der „Rechtspopulisten". Ja, Rechte können nicht einmal anständig gehen, sie marschieren immer nur. Auch Nigel Farage ist laut ORF ein Rechtspopulist. Da nutzt es ihm auch nichts, wenn er sich für den Abbau von Handelsbeschränkungen einsetzt (ein zutiefst nationalistisches Anliegen) oder eine Zusammenarbeit mit dem Front National ablehnt.

Diese pejorative Etikettierung wird er nicht mehr los. Wer es sich mit der politisch korrekten Elite in Politik und Medien verscherzt, der muss damit leben können, vor allem dann, wenn er so erfolgreich wie Farage ist. Alles was Farage sagt und tut, ist prinzipiell verdächtig, böse und ungut. In der ZiB2 erfährt der Zuseher etwa, dass Farage bei den Briten gemischte Gefühle auslöst. Das tut zwar in einer Demokratie jeder Politiker, der keine überwältigende Mehrheit zustande bringt (und wer tut das schon), aber erwähnt wird so etwas ausschließlich bei „Rechtspopulisten". Ganz anders bei Matteo Renzi, der steht auf der richtige Seite, deshalb hat er auch eine „nationale Richtungsentscheidung herbeigeführt". Keine Rede von gemischten Gefühlen, obwohl rund 60% Renzi nicht gewählt haben. Frau Le Pen hat hingehen die Franzosen „verführt".

Wer nicht an die Alternativenlosigkeit der EU bzw. der EU in ihrer derzeitigen Form glaubt, der wird ausgegrenzt, diffamiert und lächerlich gemacht. Keine Gnade für Abweichler. Wer mehr als das Verbot von offenen Olivenölflaschen in Restaurants kritisiert (bei Glühbirnen wir es schon heikel), der ist ein Europa-Hasser und EU-Feind. Und diese unguten Gestalten wollen stets verführen, spalten, hetzen oder polarisieren. Sie sind hintertrieben und/oder dumm und verfolgen unehrliche Ziele. Diese Diffamierungen triften zuweilen ins Menschenverachtende ab. Das spiegelt sich auch in der Bildsprache wieder. Rechtspopulisten werden zumeist möglichst unvorteilhaft fotografiert oder gefilmt.

Kaum ein ORF-Beitrag über ein FPÖ-Fest bzw. eine FPÖ-Veranstaltung, wo nicht die Kamera auf ein Krügel Bier zoomt. Auch Grüne und Sozialsten trinken bei Festen gerne Alkohol, aber das ist etwas anderes. Rechtspopulisten sind und verhalten sich grundsätzlich anders als normale Menschen: Sie trinken nicht, sie saufen; sie kritisieren nicht, sie hetzen; sie treffen sich nicht, sie rotten sich zusammen; sie dementieren nicht, sie leugnen; sie sind nicht anerkannt, sie sind umstritten; etc. Es geht darum, diese Parteien, Gruppen und Menschen abzuwerten, damit ihre Kritik an der derzeitigen Politik, den derzeitigen Zuständen verpufft und Ideen und Vorschläge von vorneherein keine Chance haben. Man versucht, inhaltliche Auseinandersetzungen mit diesen Gruppen möglichst zu vermeiden und wechselt deshalb auf die persönliche und untergriffige Ebene. Doch diese Verteufelungsstrategie, die kaum noch zwischen echten Neonazis und Eurokritikern wie etwa der AFD unterscheidet, und sie alle in den „Kampf-gegen-rechts"-Topf wirft, funktioniert (wie die EU-Wahlen gezeigt haben) immer schlechter. Statt noch weiter an der Empörungschraube zu drehen, könnten der ORF und die anderen Mainstreammedien die gegenteilige Strategie einschlagen und einfach sachlicher, unaufgeregter und objektiver informieren.

28.5.2014

Clowns, Priester und Heteros

Rote Knollennase, riesiger Mund, überdimensionale Schuhe, orange Haare: eine Gestalt zum Fürchten, ein Clown. Das war nicht immer so. Es gab Zeiten, da haben Clowns mit ihren Späßen und Kunststücken vor allem Kinder zum Lachen gebracht. Harmlose tollpatschige Figuren, die bereits in der irischen Mythologie erwähnt werden. Ihre primäre Kunst ist es, Mensch zum Lachen zu bringen. Sie hatten über Jahrhunderte ein positives Image, vor allem die Kleinen liebten sie. Heute positiv und ohne irgendwelche Untertöne über Clowns zu schreiben, mutet ziemlich verschroben und seltsam an. Irgendwann hat die Populärkultur diese Zirkusfigur für sich neu entdeckt und aus dem Spaßmacher eine diabolische Figur gemacht. Hinter der bunten lustigen Fassade verbarg sich fortan das Böse, das Unheimliche. Hinter dieser Umdeutung steckt kein perfider Plan oder Absicht, sie basierte vor allem auf der pubertären Verhaltensweise, gegen Eltern und im weiteren gegen Staat, Traditionen oder gesellschaftliche Übereinkünfte zu rebellieren, alles in Frage zu stellen und die Grenzen einer abgesicherten, wohlwollenden und -habenden Umgebung auszuloten und zu überschreiten. Dieses Verhalten und Denken ist für die 68er Bewegung und ihre Epigonen kennzeichnend und typisch.

Jedenfalls tauchten plötzlich in Filmen, Comics, Theaterstücken und der Belletristik Clowns als Mörder, Psychopathen oder Monster auf. Man denke nur an den Joker in Batman, Clown Pennywise in Steven Kings Horrorfilm „Es", an die zahlreichen Verbrecher, die mit Clownmasken Menschen killten, und sogar als Zombies oder blutrünstige Aliens mussten Clowns herhalten. Plötzlich gab es mehr mordende Horrorclowns als harmlose Possenreißer. Sein Image und sein Bild haben sich dadurch nachhaltig geändert. Den Clown in der Populärkultur als das darzustellen, was er einmal war, nämlich als Spaßmacher und Kinderfreund, ist selten geworden. Es gibt deshalb viele Kinder und auch Erwachsene, die panische Angst vor Clowns haben. Diese Krankheit hat sogar eine Namen: Coulrophobie. Im Rahmen einer Studie der Universität Sheffield wurden Kinder in Krankenhäusern befragt, wie sie sich die Dekoration einer Kinderstation vorstellen. Das Ergebnis: Bitte keine Clowns! Nachdem diese Studie erschienen ist, forderte die linke taz: „Schluss mit diesem Elend", und wollte die Clowns damit gleich verbieten. Typisch. Und wieder mutig ein Tabu gebrochen, wow.

In einem anderen, einem mehr oder weniger „satirischen" Text in der taz schreibt der Autor: „Die lustigen Cliniclowns (…) Das ist eine gewissenlose Truppe, die von den Krankenkassen bezahlt wird, damit sich die Kinderstationen schneller wieder leeren." Haha, wobei sich diese Cliniclowns, aufgrund genau dieses veränderten Bildes, ohnehin nur noch homöopathisch verkleidet in die Krankenhäuser wagen. Man beschränkt sich zumeist auf die rote Knollennase. Und es verwundert nicht, dass so ein Text zu so einem mehr oder weniger belanglosen Thema ausgerechnet in der sehr linken taz erscheint. Denn obwohl es nicht besonders originell, neu, mutig oder witzig, sondern nur abgestanden und furchtbar langweilig ist, Clowns als unlustig Furcht einflößend und irgendwie mies darzustellen, müssen das linke taz-Schreiber aus einem Zwang, einem pawlowschen Reflex heraus. Diese Haltung ist wichtiger Bestandteil ihres Selbstverständnisses, ihres Blickes auf die Welt. Sie kommt selbst bei so einer lächerlichen Sache zum Tragen.

Die 68er und ihre spießigen Epigonen haben diese pubertäre Haltung, diese peinliche Rebellenattitüde dermaßen kultiviert und verinnerlicht, dass sie einfach nicht mehr anders können. Der linke Mainstream haut stupide und wie ein blechernes Aufziehspielzeug auf alles, was über den eigenen geistigen und ideologischen Horizont hinausgeht, was aus ihrer Sicht irgendwie „Mainstream" ist, ein und kämpft gegen Haltungen, „Vorurteile" und Feinde, die es entweder nicht mehr gibt oder die bereits jede Bedeutung und Macht verloren haben. Man kritisiert Tabus und Traditionen, die schon vor Jahrzehnten verschwunden sind, man baut einen Popanz auf, macht sich kleiner und den Feind größer, um so den eigenen Kampf mutiger und glanzvoller darstellen zu können.

Die Clowns sind ein ebenso plakatives wie harmloses Beispiel. Doch es zeigt, wie schnell und nachhaltig sich Werte, Bilder und Images verändern und ihre Bedeutung in ihr Gegenteil verkehrt werden kann. Und zwar auch ohne große Hintergedanken und Pläne, nur aufgrund einfacher Denkschablonen und Verhaltensweisen, in Kombination mit Rudelverhalten und zeitgeistigen Strömungen. Diese Umdeutung und Umkehrung von Werten passiert in der neosozialistischen Gesellschaft auf allen Ebenen und in allen gesellschaftlichen und politischen Bereichen. Linke Ideologen, Strategen, Gender- und Multikulti-Apologeten verstehen es ausgezeichnet, diese bei ihrem Fußvolk so tief eingebrannten pubertären Verhaltensmuster für ihre Zwecke und Ziele auszunutzen. Man hat es ja schon fast vergessen, aber auch Unternehmer, Soldaten oder Familien hatten einmal ein durchwegs positives Image, galten gar als Stützen der Gesellschaft. Man unterstellt „der Gesellschaft" etwa Xeno- oder Islamophobie und schwupp, schon ist das linke Fußvolk xeno- und islamophil. Klingt simpel, ist es auch.

Der 19jährige, der mit verfilzten Dreadlocks, Gras in der Tasche und speckigem Che Guevara T-Shirt bei einer Pro Asyl-Demo „No Borders, No Nation, Stop Deportation" grölt, macht das primär aus dieser

Haltung heraus. Von Ideologie und der Tragweite seiner Forderungen und Parolen hat er ohnehin nicht die geringste Ahnung. Ein nützlicher Idiot. Zumal gerade solche Menschen auf die Staatsmacht besonders angewiesen sind, unter anderem auf deren Geldleistungen (unter welcher Bezeichnung die auch immer ausbezahlt werden). Je größer die Abhängigkeit, desto größer die Auflehnung. Und wenn Eltern und/oder Staat keine Grenzen setzen, wenn es keinen echten Gegenpol mehr gibt, dann wird dieses Spiel immer weiter getrieben. Auch die Kirche hat ein ähnliches Schicksal wie die Clowns hinter sich. Ein Priester wird mittlerweile vor allem mit Frauenfeindlichkeit, Kindesmissbrauch oder Scheinmoral in Verbindung gebracht. Die Kirche ist noch immer Dauergast und Prügelknabe in den politisch korrekten Mainstream-Medien, obwohl oder gerade weil sie in Europa kaum noch Macht und Einfluss besitzt. Wenig Nachwuchs, leere Kirchen, hohe Austrittszahlen und trotzdem vermitteln linke Mainstream-Medien den Eindruck, die Kirche sei genauso wichtig und mächtig wie vor 100 Jahren.

So unbedeutend kann sie gar nicht werden, als dass die Linke eines ihrer Lieblingsfeindbilder aufgeben würde. Solange sich noch eine Handvoll Rentner mit dem Rollator in die Sonntagsmesse schleppt, wird auf die Kirche gnadenlos eingedroschen. Man braucht solche „Feinde", um sich selbst als Opfer inszenieren zu können. Auch die heterosexuelle Familie hat sich vom gesellschaftlichen Ideal-, innerhalb weniger

Jahrzehnte zum beliebten Feindbild gewandelt. Mutter, Vater und Kind sind plötzlich anrüchig und politisch nicht mehr gewollt.

Die linke Filmemacherin und Autorin Ruth Beckermann bezeichnet die Familie als Hauptursache von Alkoholismus und Nationalismus. Natürlich ist sie auch Brutstätte von Gewalt und Missbrauch. Die Hetero-Familie, auch so ein Clown-Schicksal.

Dem gegenüber steht die neue „Regenbogenfamilie", die eigentlich gar keine ist. Macht nix, denn um die Kinder und ihre Indoktrination, pardon Erziehung, will sich ja ohnehin zuvorderst der Staat kümmern. Erziehung und Sexualität stehen ganz oben auf der politischen Agenda der Linken. Das Bild ist jedenfalls klar: Der bunte freundliche Regenbogen im Vordergrund, die dunklen Regenwolken im Hintergrund. Die Botschaften der Genderideologen ans Fußvolk sind erstaunlich platt. Wahrscheinlich werden sie genau deshalb so gerne gefressen.

Und hat sich der Linke einmal in eine Wade verbissen, dann setzt die geistige Kiefersperre ein. Bei der nesozialistischen Genderideologe geht es natürlich nicht um Gleichberechtigung zwischen Mann und Frau. Das glaubt höchstens noch die ältliche verbeamtete Kurzhaar-Grünwählerin im fair designten lila Filzjäckchen. Die Sozialisten wollen einmal mehr einen neuen, einen besseren Menschen schaffen. Das ist bisher immer grandios schief gegangen. Auch wenn es furchtbar peinlich und uncool ist, ich finde Clowns lustig.

4.6.2014

Die neue Mitte der Gesellschaft

Wer jetzt noch immer nicht durch und durch tolerant ist, der muss wirklich ein unverbesserlicher Homophober und Ewiggestriger sein. Schließlich scheut der Staat keine Kosten und Mühen, um seine Untertanen zu toleranten und offenen Bürgern zu erziehen. Die bunten Hochämter der Toleranz und Vielfalt finden mittlerweile im Wochenrhythmus statt. Nach dem Hype um den Song Contest-Sieg von Conchita Wurst, man konnte kaum durchatmen, drehte sich alles um den schrillen Life Ball und sein kitschiges Zwitterplakat. Ein röhrender rosa Hirsch im Hintergrund hätte das Kunstwerk übrigens noch geschmackvoller gemacht. Kaum sind die Toleranzaufrufe und Mahnungen von Life-Ball Organisator Gery Keszler verstummt, ziehen tausende Schwule, Masochisten, Sadisten, Transvestiten und Lesben bei der Regenbogenparade um den Wiener Ring. Allerdings gegen die Fahrtrichtung, man ist ja andersrum. Wie originell.

Wie auch immer. Damit diese aufwändigen Bälle, Paraden und anderen bunten Events nicht zu sehr nach reinen staatlich alimentierten Spaßveranstaltungen der LGBT-Lobby aussehen, braucht man auch eine Botschaft, eine Message für die Spießer und Normalos. In der Regel hört man dann eben die üblichen Floskeln, Plattheiten und Vorwürfe von der ewigen Diskriminierung und der fehlenden Toleranz. Aber geht es wirklich um

Toleranz? Die lesbische grüne EU-Abgeordnete Ulrike Lunacek hat dazu etwas äußerst Aufschlussreiches gesagt. Nachdem sie auf der Wiener Regenbogenparade mit einer übel riechenden Flüssigkeit attackiert worden war, meinte sie: „Homosexuelle und Transgenderpersonen müssten sichtbar zu ihrer Gesinnung stehen und selbst Angst abbauen, um zu zeigen, dass sie nicht nur Teil der Gesellschaft seien, sondern auch Mittelpunkt dieser. Und niemand wird uns daraus mehr vertreiben".

Schwule und Transgender wollen offenbar mehr als nur Toleranz und Anerkennung. Sie wollen der Mittelpunkt der Gesellschaft sein. Man gönnt sich ja sonst nichts. Schließlich ist der bunte schwule Lifestyle ja auch viel cooler als das spießige Leben der Heteros mit ihren miefigen Kleinfamilien. Nieder mit der Heteronormativität, es lebe die Homonormativität. Deshalb soll die neue Mitte der Gesellschaft vor Kritik geschützt und damit auch per Gesetz über die Normalos erhoben werden. Damit unsere Gesellschaft noch bunter wird. Dafür will ebenfalls Frau Lunacek sorgen. In dem nach ihr benannten Lunacek-Bericht, einem Entschließungsantrag den das EU-Parlament bereits angenommen hat, wird unter dem Punkt „Hasstiraden und durch Hass motivierte Straftaten" gefordert: „(…) die strafrechtliche Bekämpfung bestimmter Formen und Ausdrucksweisen von Rassismus und Fremdenfeindlichkeit neu zu fassen, die auch für andere Formen der durch Vorurteile bedingten

Kriminalität und der Aufstachelung zum Hass, unter anderem aus Gründen der sexuellen Orientierung und der Geschlechtsidentität, gelten muss." Hier geht es darum, Meinungsdelikte mit Hasskriminalität gleichzusetzen. Haftstrafen inklusive. Was eine „Hasstirade" oder eine „Aufstachelung zum Hass" ist, das lässt sich großzügig auslegen. Mit etwas schlechtem Willen kann man damit jeden, der die LGBT-Lobby und ihre Forderungen etwas schärfer kritisiert, in den Knast schicken. Sollten die Forderungen Lunaceks tatsächlich Gesetz werden, genießt die neue Mitte der Gesellschaft weitreichende Sonderrechte. Aber vielleicht gibt es dann knallgraue Heteroparaden und Heterobälle, wo gegen Homonormativität und Diskriminierung protestiert wird. So ferne sie erlaubt werden, sie könnten ja zu Hass aufstacheln.

20.6.2014

Ulrike Lunacek: Null Toleranz

Das war zu erwarten. Die neue Vizepräsidentin des EU-Parlaments, Ulrike Lunacek, ist empört! Jener Mann, der sie auf der Wiener Regenbogenparade mit übel riechender Buttersäure besprüht hat, bleibt auf freiem Fuß. Die Staatsanwaltschaft hat das Verfahren gegen ihn jetzt eingestellt. Der ruchlose Buttersäure-Attentäter ist nämlich nicht zurechnungsfähig. Und weil er niemanden verletzt hat, darf er auch in keine Anstalt eingewiesen werden.

Skandal! Das will die Vorkämpferin für Genderismus nicht so einfach hinnehmen. Unzurechnungsfähig hin oder her, der harmlose geistig Verwirrte soll für seine Gräueltat an der politisch korrekten Hohepriesterin offenbar hart bestraft werden. Keine Gnade für geistig Beeinträchtigte. Ulrike „Miss Gnadenlos" Lunacek überlegt jedenfalls weitere rechtliche Schritte. Grüne sind eben immer nur solange tolerant, solange sie diese Haltung von anderen einfordern können, solange sie ihnen selbst nützt oder ihr angenehmes Leben davon nicht beeinträchtigt wird. Ansonsten hört sich der Spaß ganz schnell auf. Man erinnere sich nur an die Häme und Schadenfreude in der linken Reichshälfte, als seinerzeit der FPÖ-Politiker Hilmar Kabas vor laufender Kamera mit einer Torte attackiert worden ist. Kabas wurde damals sogar leicht verletzt. Aber wenn es die Grünen selbst betrifft, da können die Gesetze gar nicht hart genug sein. Da ist plötzlich Schluss mit linker Kuscheljustiz.

Vielleicht sollte sich der grüne Justizsprecher Albert Steinhauser mit Frau Lunacek unterhalten. Dieser kritisiert nämlich gerne den so genannten Maßnahmenvollzug, also das Einsperren von geistig Kranken. Auch die Lektüre des „Profil" wäre ihr zu empfehlen. Das Nachrichtenmagazin schrieb im vergangenen Jahr: „Noch nie wurden psychisch kranke Straftäter so hemmungslos weggesperrt wie heute." Also etwas mehr Gelassenheit, Frau Vizepräsidentin. Vor dem Gesetz sind schließlich alle Menschen gleich, selbst jene, die Grüne verärgern. Und wenn er einen bösen Burschenschafter oder FPÖ-Politiker besprüht hätte, wären sie und ihre Parteigenossen vermutlich die ersten gewesen, die den Mut und die Zivilcourage des Sprühers gelobt hätten. Es ist immer wieder spannend, wenn Grüne ihre tolerante, bunte und verständnisvolle Maske fallen lassen. Zum Vorschein kommt ein ziemlich unsympathisches Gesicht mit totalitäten Zügen.

9.7.2014

Antifaschistische Nacktschnecken

Seit über 60 Jahren wird in Österreich die nationalsozialistische Vergangenheit intensiv aufgearbeitet. Ein riesiger einträglicher Geschäftszweig ist entstanden. Unzählige Dokus und Spielfilme sind gedreht, ebenso unzählige Bücher geschrieben und Theaterstücke aufgeführt worden. Der Nationalsozialismus und der Holocaust als einträgliches Geschäftsmodell und als identitätsstiftender Schuldkult. Täglich werden im Fernsehen Hitler, seine Helfer und Helfershelfer und deren Gräueltaten in einer immerwährenden Rosenkranz-Dauerschleife dem Publikum vorgeführt. Politiker, Wissenschaftler, Experten, Künstler, Journalisten, Intellektuelle, Popsänger, Lehrer ermahnen die Bürger seit Jahrzehnten niemals zu vergessen und Zivilcourage zu beweisen. Unzählige Vereine, Initiativen und sonstige staatlich alimentierte Institutionen kämpfen gegen Nazis, rechtes Gedankengut und gegen Antisemitismus. Wenn hundert Identitäre auf die Straßen gehen oder die FPÖ einen Ball abhält, marschiert ein gewaltbereiter linker Mob auf, um die Gesellschaft mutig vor solchen „faschistischen Auswüchsen" zu schützen.

In so einem Land, in so einem Klima denkt man, müssen Juden unbehelligt, friedlich und glücklich leben können. Denkt man. Doch für die Juden wird es in Österreich und in ganz Europa zunehmend enger. Die ersten verlassen bereits den Kontinent.

Antisemitische Mobs sind durch dutzende Großstädte in Europa gezogen und haben die Ermordungen von Juden gefordert und angekündigt („Jude, Jude, feiges Schwein, komm heraus und kämpf allein!" oder „Juden ins Gas"). Die Polizei hat nicht darauf reagiert. In der Kleinstadt Bischofshofen attackiert eine Horde Antisemiten auf einem Fußballplatz Spieler eines israelischen Fußballklubs. Es ist nur noch eine Frage der Zeit, bis in Österreich und Europa die ersten Synagogen brennen und die ersten Juden getötet werden. Österreichs Politik und Mainstream-Medien reagieren gelassen und selbst das nur, weil internationale Medien wie etwa die britische Daily Mail die Sache groß rausgebracht haben. Bundeskanzler Werner Faymann lässt offiziell verlauten: „Übergriffe auf Sportler (…) sind absolut nicht zu tolerieren." Das hat gesessen! Was für eine klare Ansage. In Österreich sind Sportler gefährdet, dagegen muss dringend etwas unternommen werden.

Ach ja, außerdem lädt er zum interreligiösen Dialog ein. Das ist nicht mehr als eine lächerliche Alibiaktion: Danke, Werner Faymann. Dass Bundespräsident Heinz Fischer, der sich gerne mit Diktatoren umgibt und der bösen FPÖ schon mal nahe legt, ihre Bälle künftig nicht mehr in der Hofburg abzuhalten, sondert, wie nicht anders zu erwarten, ein paar schwammige Worthülsen ab. Nichts Ernstes, nichts von Bedeutung. Grünenchefin Eva Glawischnig stellt ihrem Statement gegen Judenfeindlichkeit in Österreich den Satz voran:

„Appell für gemeinsames friedliches Auftreten gegen Blutvergießen in Gaza statt Verhetzung". Business as usual auch bei den Grünen, die Juden sind eh selber schuld (vor allem die Fußballer). Und außerdem: Die Dutzenden Raketen, die täglich auf israelische Städte, Schulen, Geschäfte etc. abgefeuert werden, muss man eben erdulden. Das gehört schließlich zur Folklore der Hamas.

Dass die Türkische-Islamische Union (Atib) die Attacke in Bischofshofen als „Handgreiflichkeiten" verharmlost und den israelischen Fußballspielern die Schuld an dem Übergriff gibt, wundert ohnehin niemanden mehr. Ebenso wenig die verharmlosende Berichterstattung des Staatsfunks. All das regt kaum jemanden in Österreich auf. Auch die linientreue Mainstream-Presse nicht. Das Verhalten der heimischen Politiker und Meinungsführer ist einfach nur widerlich. Und auch die dauerempörten Gutmenschen aus den diversen staatlich geförderten NGOs, die notorischen Bedenkenträger, Mahner und Kranzniederleger sind seltsam still geworden oder sie verschicken zwar pflichtbewusst aber ganz allgemein und knieweich formulierte Pressemeldungen, in denen schwammig „Hass" und „Übergriffe" verurteilt werden.

All jene Menschen, die sich bei jeder dümmlichen Hakenkreuzschmiererei in der Provinz wie balzende Hähne aufplustern, eine runden Tisch gegen rechts und Polizeiaktionen fordern und gleich eine weitere steuergeldgetriebene Initiative gegen rechts ins Leben rufen, sind plötzlich verständnisvoll, um Dialog bemüht und ganz unkonkret. Man redet um den heißen Brei, um sich ja nicht mit der immer größer werden Gruppe von gewaltbereiten Islamisten anzulegen. Die sind nämlich, im Gegensatz zum Nazipopanz, wirklich gefährlich. Keiner von diesen Berufs-Antifaschisten hat deshalb auf den Tisch gehaut und einen Aktionsplan gegen Islamismus oder islamischen Antisemitismus oder sonstige ernsthafte Konsequenzen gefordert. Stattdessen ist die allgemeine Stimmung unter den Couragierten: Mimimimimi...

Ist auch wirklich zu blöd. Da kämpft man jahrelang mutig, medienwirksam und einträglich gegen einen weitgehend virtuellen Feind und dann kommen die islamistischen Neobürger und machen ernst und damit das antifaschistische Geschäftsmodell kaputt. Wie sich in den vergangen Tagen mehr als deutlich gezeigt hat, sind Parolen wie „Niemals vergessen" oder „Wehret den Anfängen", nie mehr gewesen als leere Worthülsen, mit denen sich staatlich geförderte und hofierte Schönwetterkapitäne in Szene gesetzt haben: Maulhelden und -huren. Es war aber auch nichts anderes zu erwarten. Warum sollte es gerade im verweichlichten Europa unserer Tage überdurchschnittlich viele Helden und Menschen mit Zivilcourage geben. Lächerlich.

Beim ersten Gegenwind, bei der ersten Nagelprobe ist der antifaschistische Lack ab. All die selbsternannten Widerstandskämpfer entpuppen sich dieser Tage als rückgratlose Feiglinge. Wer jetzt nicht aufsteht und sich deklariert, wer jetzt nicht Ross und Reiter benennt, der hat jedes Recht verwirkt, sich als Hüter von Demokratie, Frieden und Freiheit aufzuspielen. Das gilt für den versifften Antifa-Punk genauso wie für den Bundespräsidenten. Wer antisemitische Gewalt nur dann (glaubhaft) verurteilt und bekämpft, wenn sie von der autochthonen Bevölkerung ausgeht (was ohnehin kaum mehr vorkommt) und ansonsten sein Maul hält, ist nichts weiter als ein feiger Opportunist. Und für die Juden in Österreich ist jetzt auch eines klar: Vom heimischen Politpersonal haben sie außer Sonntagsreden und einem warmen Händedruck nichts zu erwarten. Es ist absurd. Die Schönwetter-Antifaschisten verehren die ermordeten Juden aus NS-Zeit und sie verachten die heute lebenden. Ihr Antifaschismus war nie mehr als eine zeitgeistige Attitüde, ein Vorwand und Instrument, um die Bevölkerung zu bevormunden, zu gängeln und zu steuern. Genau jene Leute, die nun relativieren, verharmlosen, lügen oder schweigen, haben sich jahrelang als Hohepriester des NS-Schuldkultes aufgespielt und dank ihrer Deutungshoheit die Gesellschaft nach ihrem Gutdünken in gut und böse eingeteilt.

28.7.2014

Die Mär vom kriminellen Ausländer

Es ist alles nur Einbildung, ein Klischee, das Ergebnis jahrelanger Hetze durch rechte Populisten, eine Verschwörung der Ausländerfeinde. Jugendliche mit Migrationshintergrund sind gar nicht krimineller als ihre autochthonen Altersgenossen, jubelt der Spiegel: „Die Mär vom kriminellen Ausländer". Der Spiegel bezieht sich auf ein „Gutachten" des Kriminalwissenschaftlers Christian Walburg. Er hat das 18 Seiten dünne Papier mit Titel „Migration und Jugenddelinquenz – Mythen und Zusammenhänge" im Auftrag des „Mediendienstes Integration" erstellt. Walburg hat zu diesem Zweck verschiedene und ganz nach seinem Gusto ausgewählte Studien analysiert.

Conclusio: Jugendliche mit Migrationshintergrund sind nicht überdurchschnittlich kriminell. Das ist nur ein Mythos, ein Klischee und eine böse Verleumdung xenophober Rechtspopulisten. Doch schon beim Lesen des Spiegel-Artikels kommen an dieser Aussage erste Zweifel auf. „Größere Aussagekraft als die Zahlen aus der Polizeistatistik haben Walburg zufolge repräsentative Befragungsstudien", schreibt das Sturmgeschütz der Demokratie. Was nicht passt, wird passend gemacht. Wie kommt Walburg zu diesem seltsamen Schluss? In seinem Gutachten führt er nicht minder seltsame Gründe an, warum offiziellen Kriminalstatistiken nicht zu trauen ist. So bilden diese Statistiken nur das „Hellfeld der Kriminalität" ab. Ja sicher, was sonst? Walburg unterstellt damit indirekt, dass die Dunkelziffer bei autochthonen Jugendlichen höher ist als bei jenen mit Migrationshintergrund. Eine völlig aus der Luft gegriffene Behauptung. Außerdem würden „junge Ausländer vermehrt in ohnehin kriminalitätsbelasteten Ballungsräumen leben". Mag schon sein, das erklärt vielleicht die höhere Kriminalitätsrate, reduziert sie aber nicht. Walburg führt auch den ein oder anderen berechtigten Kritikpunkt an, wie zum Beispiel, dass die Statistiken auch Ausländer mit einbeziehen, die ihren Wohnsitz nicht in Deutschland haben und andererseits viele Jugendliche mit Migrationshintergrund die deutsche Staatsbürgerschaft besitzen.

In Berlin gibt es allerdings eine Statistik zu Gewaltdelikten von Jugendlichen, die sehr wohl nach Herkunft und Migrationshintergrund differenziert. Ergebnis: Autochthone sind weit weniger kriminell als Jugendliche mit Migrationshintergrund und ausländische Jugendliche. Nachzulesen in Walburgs Voodoo-Gutachten. Der gute Mann macht es sich sehr leicht. Er zieht die offiziellen und harten Zahlen aus ideologischen Gründen in Zweifel und benutzt deshalb „Befragungen" unter Betroffenen. Doch auch die vermitteln bei näherer Betrachtung ein anderes Bild, als es Walburg und der Spiegel zu vermitteln versuchen. Im Gutachten heißt es etwa: „Doch die meisten deutschen Befragungsstudien wie auch Untersuchungen aus anderen europäischen Ländern bestätigen höhere Gewaltrisiken bei Jugendlichen mit

Migrationshintergrund." Gewaltrisiken, ein schöner Euphemismus für kopftretende Jugendbanden. Die Dinge nur nicht beim Namen nennen.

Auch die jüngste Befragung aus Deutschland belegt dies eindrücklich. Demnach haben 11,5 Prozent der autochthonen Jugendlichen mindestens ein Gewaltdelikt in den vergangenen zwölf Monaten begangen. Bei Jugendlichen mit Migrationshintergrund sahen die Zahlen nach Herkunft so aus: Albaner 22 Prozent, Türken 20 Prozent und Araber 19 Prozent. So etwas nennt man gemeinhin einen signifikanten Unterschied!

Zahlen hin oder her, alles Klischee, alles Vorurteile, Ausländerkriminalität ist eine Mär. Und schuld daran sind neben den bösen Rechtspopulisten und der deutschen Gesellschaft vor allem die – Bingo! – Medien mit ihrer verzerrten und einseitigen Berichterstattung. Eine mehr als skurrile Behauptung, angesichts der politisch korrekten Linientreue der deutschen Mainstream-Presse, die mittlerweile systematisch die Herkunft der Täter verschweigt (so ferne es keine Autochthonen sind). Dieses ganze Gutachten ist plump und manipulativ, es liefert einfach jene Ergebnisse, die die politisch korrekten Machthaber brauchen, damit ihr wackeliges potemkinsches Multikultidorf nicht völlig in sich zusammenbricht. Zumindest etwas mehr Mühe hätte sich Herr Walburg schon geben können. Viel ärgerlicher aber ist, dass der Spiegel dieses lächerliche Papier völlig unkritisch abdruckt. Selbst nordkoreanische Propaganda hat mehr Raffinesse. Man muss schon ziemlich verzweifelt sein, um auf solch windige Pseudogutachten zurückzugreifen, nur damit man sich sein eigenes politisches und journalistisches Versagen nicht eingestehen muss.

29.7.2014

Arme Punks, böse Polizei

19 verschreckte junge Menschen hätte die Polizei aus dem besetzten Haus in Wien hinausbegleitet, jammert die linke Falter-Journalistin Sybille Hamann in der ZiB24: „Von Gewalttätern kein Rede." Die von den Punks im Haus in bester Indiana-Jones-Manier eingebauten Fallen und Vorrichtungen hat die gute Dame vergessen zu erwähnen. Das hat offenbar mit Gewalt nichts zu tun, wenn man versucht, Kühlschränke auf Polizisten stürzen zu lassen. Aber anscheinend finden das Punks und ihre Sympathisanten sogar noch witzig. Wäre die Polizei nicht so umsichtig vorgegangen, dann hätte es Verletzte oder vielleicht sogar Tote geben können.

Das „Arme Punks/böse Polizei"-Gejammer hat sich wie ein rotgrüner Faden durch alle ORF–Berichte gezogen. Der Einsatz von insgesamt rund 1000 Polizisten gegen 19 „verschreckte Jugendliche" sei unverhältnismäßig und teuer gewesen, so der Hauptvorwurf. Dabei vergisst der ORF, dass einer der Gründe für dieses massive Polizeiaufgebot genau jene Art der Polizei-Berichterstattung ist, die der ORF und andere linke Mainstreammedien seit Jahren betreiben. Einsätze der Polizei, egal ob bei den Ausschreitungen rund um den Akademikerball oder bei der Demonstration der Identitären, werden stets heftig kritisiert. Die Polizei hat immer das Bummerl. Dass die Polizei deshalb keinerlei Risiko mehr eingehen möchte und auf Nummer sicher geht, ist verständlich.

Man will sich nicht, sollte einem Punk auch nur der Irokese gekrümmt werden, wieder medial abwatschen lassen. In einem Land wie Weißrussland wäre die Räumung wahrscheinlich in einer halben Stunde erledigt gewesen, und das mit weit weniger (dafür aber schwer bewaffneten) Polizisten. Aber wollen das der ORF und die anderen Mainstreammedien? Eben.

Insofern war der Einsatz ein voller Erfolg. Trotz diverser pubertärer Kühlschrankfallen wurde niemand verletzt und das besetzte Haus wurde, wie vom Gericht angeordnet, geräumt. Einen erfolgreichen Polizeieinsatz können und wollen die linken ORF-Redakteure, mit ihren unverhohlenen Sympathien für die Punks, aber nicht erkennen. Deshalb werden in den Beiträgen der ZiB2 und der ZiB24 nur Menschen interviewt, die die Punks für nette Leute und den Einsatz der Polizei für übertrieben halten. Eine „repräsentative" Befragung nach bester ORF-Art. Auch die Vorgeschichte der Räumung wird immer wieder betont, um die Sache zu relativieren, um Sympathien für die Punks zu wecken. Schließlich sind sie vom Hausbesitzer selbst eingeladen worden, für ein halbes Jahr dort zu wohnen.

Und? Was ändert das? Die Hausbesitzer waren im Recht und haben dieses durchsetzen lassen. Ein ganz normaler Vorgang in einem Rechtstaat. Oder stehen Punks jetzt über dem Gesetz? Trotzdem fragt ZiB-Moderator Roman Rafreider allen Ernstes bei Polizeisprecher Roman Haslinger nach, ob man sich nicht einen Teil der Einsatzkosten von den Hausbesitzern zurückholen könnte. Gute Idee. Dann könnten ja auch der überfallene Juwelier künftig die Fahndung nach den Räubern gleich selbst bezahlen oder das Vergewaltigungsopfer die Kosten für die polizeilichen Ermittlungen. Ja, wir reden hier von einem fürstlich entlohnten Moderator des ORF. Wenn der Staatsfunk seine Arbeit nur halb so gut und gewissenhaft machen würde wie die Polizei bei diesem Einsatz, dann sähe das Programm ganz anders aus.

29.7.2014

Shitstorm gegen ORF-Moderatorin

Die junge ZiB-Präsentatorin Lisa Gadenstätter wird derzeit in den sozialen Netzwerken auf das Übelste beschimpft und attackiert. Sie wird als „Hure" oder als „behindert" (ein beliebtes Schimpfwort bei Jungen und jungen Migranten) bezeichnet, einige wünschen ihr gar den Tod.

Was ist geschehen? Am 25.7. waren Tamir Pixner von der jüdischen Gemeinde Wien und Abdurrahman Karayazili von der Union Europäisch-Türkischer Demokraten (UETD) zu Gast in der ZiB2. Es geht um die antisemitischen Proteste in Wien und den anderen europäischen Staaten, die Attacke auf israelische Fußballspieler in Bischofshofen und den Nah-Ost Konflikt. Der junge UETD-Mann spult seine eingelernten Phrasen vom bösen Israel immer und immer wieder ab und denkt nicht einmal daran, auf die Fragen von Gadenstätter einzugehen. Bereits zuvor ignoriert er die Begrüßung der Moderatorin. Er unterbricht Gadenstätter und Pixner permanent, dann verlässt er vorzeitig das TV-Studio. Ein gespenstischer und beunruhigender Auftritt, zumal solche Menschen und deren Organisationen mittlerweile einen enormen Einfluss in Österreich haben.

Seither steht Lisa Gadenstätter, die nichts anderes versucht hat, als ein zivilisiertes Streitgespräch zu führen, im Visier der verlängerten Arme der türkischen AKP/UETD, wie der Grüne Politiker Efgani Dönmez berichtet. Der ORF wird mit wortidenten Protestmails gegen Gadenstätter überflutet. So schlimm der Vorfall für Frau Gadenstätter ist, so heilsam könnte er für den ORF sein. Schließlich verleugnet, verdrängt und relativiert der Staatsfunk seit vielen Jahren und Jahrzehnten die Probleme, die die heimische Einwanderungspolitik eben mit sich bringt. Seit Jahrzehnten singt der ORF im Gleichklang mit den regierenden Sozialisten und den Grünen völlig unkritisch das Hohelied der Multikulti-Ideologie. Wer nicht in diesen Chor mit einstimmt, wird vom ORF mies behandelt. Die Probleme und Verwerfungen in der neuen österreichischen Multikulti-Gesellschaft wurden vom ORF konsequent ignoriert und relativiert. Kein Wunder, war und ist man doch einer der wichtigsten Propagandisten dieser Ideologie.

Nun ist auch eine ORF-Mitarbeiterin multikulturell bereichert worden. Es ist wohl kein Zufall, dass nur drei Tage später Armin Wolf in der ZiB2 mit ernster Miene fragt „Warum tun sich junge Türken so schwer, sich in Österreich zu integrieren?" Nun erkennt auch der ORF, Multikulti ist nicht nur ein buntes lustiges Straßenfest. Stellt sich die Frage, könnte der Shitstorm gegen Gadenstätter tatsächlich zu einem Umdenken bei vielen ORF-Leuten führen und sie aus ihrer rosa Traumwelt reißen? Man darf sich wohl nicht zu viel erwarten. Viel wahrscheinlicher ist, dass man wie seit jeher den politischen Vorgaben der Kanzlerpartei und dem politisch korrekten Zeitgeist folgt und künftig eben etwas vorsichtiger vorgeht, bei der Einladungspolitik „sensibler" agiert und künftig devoter nachfragt. Deshalb sei den ORF-Mitarbeitern ein Zitat aus der Frankfurter Allgemeinen Zeitung nahegelegt:„ *Man ist weder Rassist noch islamophob, wenn man auch diese religiösen Wurzeln der neuen Judenhetze in den Blick nimmt statt die antisemitischen Pöbeleien bewusst unscharf als Ausfluss mangelnder Integration abzutun. Antisemitismus ist nicht integrierbar. Hier hat jede Beschwichtigungsrhetorik zu verstummen.* "

30.7.2014

Der Shitstorm gegen Gadenstätter und die Reaktionen

Die verbalen Attacken und Drohungen gegen ORF-Moderatorin Lisa Gadenstätter haben die Journalistenkollegen innerhalb und außerhalb des ORF verstört. Das hat es in dieser Form noch nicht gegeben, eine neue Qualität. Nach dem Auftritt von Abdurrahman Karayazili von der Union Europäisch-Türkischer Demokraten (UETD) in der ZiB24 bricht ein Shitstorm gegen die junge Moderatorin los. Man wünscht ihr den Tod, bezeichnet sie als Hure.

Bei vielen Journalisten stellt sich jetzt offenbar ein ungutes, ein mulmiges Gefühl ein, in dem Wissen, so etwas wird in Zukunft noch öfter passieren, könnte gar zur Normalität werden. Es schwingt Angst mit, denn viele Reaktionen sind seltsam schwammig, klingen eingeschüchtert, man redet um den heißen Brei und verschweigt das Offensichtliche. Ein besonders schönes Beispiel dafür ist „Edelfeder" Doris Knecht. In ihrer Kolumne im Kurier schreibt sie: *„Der Internet-Hass hat ein neues Opfer: (...) Es ist beängstigend. (...) Woher kommt dieser Hass? Ist dieser Hass auch da, wenn das Internet ihm kein Forum bietet?"*

Einfache Antwort: Ja! Das Internet erzeugt keinen Hass, es ist ein Kommunikationsmittel, das Internet schreibt keine Hasspostings, das sind Menschen aus Fleisch und Blut. Es bringt ihn nur besser zum

Vorschein. Auch eine Pistole tötet niemanden, das ist derjenige, der abdrückt. Knecht weiter: *„Der Internet-Hass – Hass, nicht Kritik – verletzt, verunsichert und schüchtert ein. Und das soll er ja auch: Nicht zufällig sind auffällig oft öffentliche Frauen mit einer eigenen Meinung die Opfer dieses Hasses"* Zum einen hasst das Internet nicht, zum anderen hat der Shitstorm Frau Gadenstätter getroffen, nicht weil sie eine Frau ist, sondern weil sie an diesem Tag Dienst hatte und das Gespräch mit Herrn Karayazili geführt hat. Es ist schon erstaunlich, wie man einen einfachen Sachverhalt aufgrund ideologischer Scheuklappen gewürzt mit Angst und der Unfähigkeit seine Geisteshaltung zu ändern, bis ins Unkenntliche verdrehen und entstellen kann.

Deshalb ist auch der Apell, den Knecht an die biederen Kurier-Leser richtet, vollkommen absurd und sinnlos: *„Wer weiterhin vielfältigen, kritischen, mutigen Journalismus will, der Haltung, Meinung und Kontroverse nicht scheut, wer an unerschrockenen Interviews und brisanten TV-Debatten interessiert ist: Der sollte den nächsten Hass-Kommentar noch einmal überdenken."* Lustig, Journalismus kann nur dann mutig und kritisch sein, wenn kein Mut und keine Courage erforderlich sind. Aber es stimmt schon, man hat den Mut und die Courage bisher nur vorgetäuscht. Aber in der schönen neuen Multikultiwelt ist auch der Journalismus kein Ponyhof mehr. Menschen wie Frau Knecht müssen sich langsam darauf einstellen, dass man mit Menschen auch deren Kultur, Sitten und Wertvorstellungen importiert. Und Demokratie oder eben Diskussionskultur sind in jenen Ländern, aus denen ein Großteil der Zuwanderer kommt, eben noch nicht ganz so entwickelt, wie in einer westlichen Demokratie. Wer glaubt, das hätte keine Auswirkungen auf Österreich, seine Gesellschaft und auch den Journalismus, der ist reichlich naiv. Also nicht jammern, schließlich waren und sind es Journalisten wie Frau Knecht, die diese Verhältnisse herbeigesehnt und geschrieben haben. Mehr Mut!

31.7.2014

Linke Schattenboxer

Ein Großaufgebot der Polizei räumt ein von Punkern besetztes Haus in Wien. Die Sympathien der linken Mainstream-Medien sind klar auf Seiten der Punks. Daran ändern auch die gefährlichen Fallen nichts, die die Punks im Haus installiert haben, um die Polizisten zu behindern und zu verletzen. Das Bild, das die Medien zeichnen, ist einfach: reaktionäre Scheißbullen auf der einen Seite, liebenswerte Punks, die es mit dem Eigentum anderer nicht so genau nehmen (für Linke ein Kavaliersdelikt), auf der anderen. Die Rollen sind klar verteilt. Auch in den sozialen Netzwerken gibt es Häme für die Polizei und eine Welle der Sympathie für die Punks. Der Polizist als Feindbild. Das Gutmenschentum, das sich nur in einem friedlichen Rechts- und Wohlfahrtsstaat, der von einer demokratisch legitimierten und kontrollierten Polizei geschützt wird, herausbilden konnte, hasst genau diese „Bullen" von ganzem Herzen. Ein Paradoxon. Polizisten stehen weit oben auf der schwarzen Liste der politisch korrekten Moralapostel.

Ganz oben steht der Nazi. Eine Spezies, die der gemeine Gutmensch in der Regel noch nie lebend zu Gesicht bekommen hat. Er kennt ihn vor allem aus Dokus, die täglich über die Schirme flimmern, aus den Mainstream-Medien, von den Sonntagsreden engagierter Politiker und sonstiger Bedenkenträger.

Man muss schon ein erfahrener Gegen-Rechts-Kämpfer oder staatlich alimentierter Soziologe sein, um einen leibhaftigen Nazi in freier Wildbahn aufzuspüren. Trotzdem, oder besser genau deshalb, ist der Nazi in Film, Medien, Literatur und Kunst allgegenwärtig. Fast der gesamte deutschsprachige Kulturbetrieb lebt von den Nazis. Der Kampf gegen die virtuellen Neonazis wird nach dem Motto „Wehret den Anfängen" mit großer Vehemenz, Ausdauer und viel „Mut" geführt. Seltsamerweise interessiert diese mutigen antifaschistischen Kämpfer eine andere, wesentlich aktuellere, mächtigere und äußerst gefährliche Strömung überhaupt nicht: der Islamismus. Wenn deren Vertreter zu Tausenden mit IS- und Hamasflaggen und allerlei bedenklichen Parolen durch deutsche Großstädte marschieren, sieht man keine Antifaschisten weit und breit. Es gibt auch keine staatlich finanzierten Initiativen gegen Islamismus und auch deren Kritiker werden für ihren Einsatz nicht mit staatlichen Preisen und Auszeichnungen gewürdigt, sondern ganz im Gegenteil als Nazis denunziert. Warum nur?

Ganz einfach. Die Islamisten, Salafisten, Hamas-Sympathisanten etc. sind real. Sie existieren nicht nur in TV-Dokus, Theaterstücken und Mainstream-Medien, sie gibt es auch in der realen Welt und zwar in immer größerer Zahl. Und sie sind gefährlich. Also kein Vergleich zum Nazipopanz. Michael Klonovsky hat es auf den Punkt gebracht: „Ein Gutteil des vermeintlichen Kampfes gegen „rechts" ist nichts weiter als ein seelisches Wellnessprogramm für seine Betreiber." Der gemeine Gutmensch sucht sich seine Gegner, Feinde und Feindbilder primär nach dem tatsächlichen Gefahrenpotential aus, erst dann kommen Ideologie und Überzeugung. Es ist nur ein Pose, ein Spiel, ein moralisches Wohlfühlprogramm, dieser moderne Antifaschismus, der Kampf gegen böse Lobbys und Konzerne, das Engagement gegen neoliberale Ausbeuter. Am besten eignen sich deshalb Gegner, die es de facto nicht mehr gibt oder nur noch als Randerscheinung, deren Macht längst geschwunden ist, die nie eine reale Macht besessen haben, die die europäischen Gutmenschen ohnehin nicht ernst nehmen oder die frei erfunden sind.

Deshalb hetzt die Linke auch mit Vorliebe gegen die Kirche. Was kann einem da schon passieren? Im schlimmsten Fall ein Kulturpreis oder der warme Händedruck eines ebenso scheinheiligen Politikers. Fanatische 80-jährige, die mit Rosenkranz und Dynamit bewaffnet, sich in einem linken Szenelokal in die Luft jagen? Eher unwahrscheinlich. Islamkritiker leben hingegen wirklich gefährlich. Jene dänischen Karikaturisten, die 2005 Mohammed-Karikaturen gezeichnet haben, wissen wovon die Rede ist. Sie leben seit Jahren unter Polizeischutz. Das kann dem Karikaturisten Gerhard Haderer nicht passieren. Er hat sich zwar als mutiger Kirchenkritiker positioniert, zu der damaligen Karikaturenaktion der dänischen Zeitung Jyllands-Posten meinte er in einem Spiegel-Interview: „eine

Schnapsidee". Erbärmlich. Haderer gehört damit zur selben Kategorie wie die Edelfeder Doris Knecht. Sie hat, nachdem eine Journalistenkollegin von jungen Türken im Internet als Hure und behindert beleidigt worden ist, in einer Zeitungskolumne geschrieben: „Wer weiterhin vielfältigen, kritischen, mutigen Journalismus will, der Haltung, Meinung und Kontroverse nicht scheut, wer an unerschrockenen Interviews und brisanten TV-Debatten interessiert ist: Der sollte den nächsten Hass-Kommentar noch einmal überdenken."

Aha, Journalismus kann nur dann mutig und kritisch sein, wenn kein Mut und keine Courage erforderlich sind. Aber Frau Knecht hat im Grunde Recht, den Mut und die Courage haben unsere Mainstream-Schreiber stets vorgetäuscht. Man hat sich in Zeiten des Friedens und des Wohlstands eine rosa Fantasiewelt erschaffen, eine infantile Welt. Denn ähnlich wie in Kinderbüchern oder -filmen sind der Feind und das Böse im Gutmenschenbiotop zwar grell, schrill, dämonisch und karikaturenhaft, aber letztendlich völlig ungefährlich. In der Kinderliteratur müssen die jugendlichen Helden stets über die zumeist dummen und ungeschickten Verbrecher siegen. Opfer oder gar Tote gibt es – aus Rücksicht auf die kindliche Psyche und Entwicklung – in solchen Büchern und Filmen gemeinhin nicht.

Auch in der Populär- und Trivialliteratur sind stark überzeichnete Bösewichter weit verbreitet. Sie werden stets von den Helden, vom Guten besiegt. Man denke nur an die Superhelden-Comics oder an James-Bond-Filme. Ungefähr so sehen auch die virtuellen Feinde der Gutmenschen aus: Fiese Irre, die die Weltherrschaft erringen wollen. Genau so ist seinerzeit etwa George W. Bush von den europäischen Mainstream-Medien dargestellt worden. Auch das Bild, das uns viele linke Medien von internationalen Großkonzernen, Lobbys, Rechtspopulisten, etc. vermitteln, geht genau in diese Richtung. Unangenehm wird es nur, wenn die Realität in diese Scheinwelt einbricht. Dann reagieren die politisch korrekten Medien und Politiker wie ein pawlowscher Hund. Wenn etwa eine Bande junger Migranten in Deutschland jemanden zu Tode tritt und die Herkunft der Täter doch irgendwie an die Öffentlichkeit gelangt, dann greift man zu einem fadenscheinigen Taschenspielertrick. Nicht die eigentlichen Täter sind die Schuldigen, sondern die Gesellschaft, das kapitalistische System, der kalte Neoliberalismus etc. Und schon ist man wieder auf der sicheren Seite, das geistig/moralische Wellnessprogramm muss nicht abgebrochen werden.

Es ist es zwar vollkommen absurd in der EU, mit ihren hohen Steuern, strengen Regeln und üppigen Sozialleistungen, irgendwo Turbo-Kapitalismus oder Neoliberalismus auszumachen, das macht aber nichts, weil der durchschnittliche Gutmensch ohnehin keine Ahnung hat, was Kapitalismus oder Liberalismus genau sind. Man braucht nur ein sehr wolkiges dehnbares Feindbild, dem man alle Fehlentwicklungen anlasten kann. Früher gab es dafür den Teufel, den Beelzebub oder irgendwelche anderen Dämonen und böse Geister. Man kann von den wahren (gefährlichen) Tätern ablenken und stattdessen bequem, ungefährlich und mit etwas Hokuspokus gegen einen imaginären Feind kämpfen.

Aus genau diesen Gründen sind in Europa der Antiamerikanismus, der Antikapitalismus oder der Klimawahn so in Mode. Besonders witzig ist, wenn der kleine Gutmensch von der Straße allen Ernstes glaubt, die NSA oder andere finstere Geheimdienste würden genau ihn ausspionieren, nur weil er unter Freunden und auf Facebook irgendwelche abgestandenen antiamerikanischen Klischees und Allerweltsphrasen vom Stapel lässt. Dieses System funktioniert allerdings nur solange, solange es keine echten Gefahren und Feinde gibt. Dessen sollten sich auch jene Gruppen bewusst sein, die derzeit von den Gutmenschen hofiert werden. Etwa die Schwulen, Lesben und Transgender.

Diese Leute sollten nicht ernsthaft glauben, dass auch nur ein politisch Korrekter für ihre Rechte kämpfen würde, wenn das mit irgendwelchen Unannehmlichkeiten oder gar Gefahren verbunden wäre. Und das könnte, dank Einwanderungspolitik und demographischer Entwicklungen, schneller passieren, als man glaubt. Die politisch korrekte Scheinwelt mit ihren virtuellen Feinden ist akut gefährdet. Wenn die europäischen Sozialstaaten kollabieren und die Verteilungskämpfe beginnen, dann tun sich ganz neue Bruchlinien, Allianzen und Verbindungen auf. Dann müssen sich auch die Gutmenschen echten und gefährlichen Feinden – und nicht ihren selbst erschaffenen Kinderbuchmonstern – stellen.

7.8.2014

Das Ende des Multikultitraums

Von der einstigen Multikulti-Euphorie ist in diesen Tagen hierzulande wenig zu spüren. Die Propagandisten dieser Ideologe, linke Politiker, Künstler und Journalisten, geben sich zurückhaltend. Ihnen sind die Phrasen und Schlagworte, wie „Bereicherung", „Vielfalt" oder „Buntheit" im Hals stecken geblieben. Die Rahmenbedingungen sind für sie derzeit nicht gerade günstig. Das naive Bild von Multikulti als fröhlich-buntes Straßenfest lässt sich angesichts der Gräuelmeldungen aus den Regionen rund um Europa kaum noch aufrechterhalten. Damit das politisch korrekt dressierte Volk aus seinen Multikultiträumen erwacht oder zumindest in eine Art Halbschlaf versetzt wird, war eine besonders starke Dosis vonnöten. Unter einem versuchten Genozid war offenbar nichts zu machen. Wichtig ist dabei auch, dass die Gotteskrieger im Nordirak (auch) gegen die religiöse Minderheit der Jesiden vorgehen. Denn das Schicksal von verfolgten und ermordeten Christen ist den politisch korrekten Europäern bislang ziemlich egal gewesen. Seit Jahren werden Christen von Islamabad bis Abuja verfolgt, unterdrückt und ermordet. Bisher ohne großen Aufschrei europäischer Politiker und Medien. Und Boko Haram steht den IS-Terroristen in punkto Grausamkeit und Brutalität um nichts nach. Auch sie haben schon tausende Menschen abgeschlachtet.

Nun scheint sich aber das Meinungsklima zu ändern, zumindest etwas. Natürlich geht das nicht von heute auf morgen. Die politisch korrekte Schafherde ist angesichts der näher kommenden Wölfe zwar beunruhigt, trotzdem schaut sie genau, wie sich ihre Leithammel verhalten. Aus der sicheren Deckung der Mehrheitsmeinung wagen sich nur wenige, wie etwa Nicolaus Fest von der Bild-Zeitung. Die politisch korrekten Meinungsführer müssen die Denk- und Marschrichtung vorgeben. Nicht viele Menschen haben die Größe, sich selbst und ihren Mitmenschen einzugestehen, dass sie mit ihrer Meinung und mit ihrer Haltung ein halbes Leben oder noch länger falsch gelegen sind. Das kennt man auch aus der Nachkriegszeit. Deshalb warten die meisten ab, wie sich die allgemeine Stimmung und das Befinden im Land entwickelt, um es danach immer schon gewusst zu haben bzw. nichts gewusst zu haben.

Dass Multikulti bei den Linken nicht mehr oberste Priorität hat, ist nicht verwunderlich. Kommen doch die Einschläge immer näher. Selbst der 50-jährigen Pädagogin, die seit mindestens 20 Jahren grüne Stammwählerin ist, scheint der fair gehandelte Kräutertee angesichts aktueller Meldungen und Bilder aus dem Nordirak oder Syrien nicht mehr so richtig zu schmecken. Instinktiv scheint sie zu spüren, dass das, was man ihr jahrelang vorgebetet hat und was sie sich selbst jahrelang eingeredet hat, so nicht stimmen kann; dass sich die Heilsversprechungen der Mainstream-Medien und der politisch korrekten

Vordenker von einer besseren, bunteren und vielfältigeren Welt mit glücklichen Menschen, wie man sie von den „Wachturm"-Covers her kennt, nicht erfüllen werden, ja sogar ins Gegenteil kippen könnten.

Vor allem, weil sich die Konflikte südlich und südöstlich von Europa zunehmend vor ihrer eigenen Haustüre abspielen. Weil der Nahostkonflikt auch auf europäischen Straßen ausgetragen wird, türkische Wahlkämpfer europäische Stadien und Hallen füllen, die Extremistengruppe Islamischer Staat auch mitten in Europa viele Anhänger hat, weil in europäischen Städten Kämpfer für den heiligen Krieg in Syrien oder dem Nordirak erfolgreich rekrutiert werden und, wenn sie nicht im Kampf sterben, auch wieder in ihre Heimat zurückkehren. Und es wird nicht besser. Im Gegenteil. Großbritanniens Premier David Cameron hat bereits gewarnt: „Wenn wir den Vormarsch dieser außerordentlich gefährlichen Terrorbewegung (IS) nicht stoppen, wird sie nur stärker, bis sie uns auf den Straßen Großbritanniens angreifen kann."

Warum sollten ausgerechnet die Europäer, die immer weniger für ihre Sicherheit ausgeben (ein besonders drastisches Beispiel dafür ist das österreichische Bundesheer), davon verschont bleiben? Das spricht in Deutschland oder Österreich zwar kein Spitzenpolitiker offen aus, aber das enorme Gefahrenpotential ist ihnen genauso wie der Bevölkerung bewusst. Da helfen auch die unentwegten „Haltet den Dieb"-Rufe und das penetrante Nazi-Gekläffe der Linken nichts mehr. Gegen reale Extremisten verlieren die aufgeblasenen Feindbilder dramatisch an Wirkung. Den Mainstream-Medien fällt es auch immer schwerer, die gängigen Erklärungsmuster aus der argumentativen Mottenkiste anzubringen. Dass die meisten Gräuel- und Gewalttaten, die von Pakistan bis Algerien (inklusive Europa: London, Brüssel, etc.) verübt werden, vielleicht doch einen gemeinsamen Nenner haben könnten, scheint immer mehr Linken zu dämmern.

Bisher haben Gutmenschen für jeden Konflikt und jedes Massaker im islamischen Raum gleich mehrere Erklärungsansätze und Begründungen aus dem Ärmel schütteln können: vom amerikanischen Imperialismus über die koloniale Vergangenheit dieser Länder, die nicht vorhandene Willkommenskultur bis zur Ausbeutung der Dritten Welt. Nur eines hat man tunlichst vermieden: Den blutroten Faden, der sich durch all diese Kriege, Konflikte und Unruhen zieht, zu erkennen und zu benennen. Das scheint nun immer schwieriger zu werden. Auch auf den Onlinetummelplätzen der Gutmenschen zeichnet sich ein Stimmungswechsel ab. In den Meinungsforen der Mainstream-Medien scheint die Fraktion „Der-Westen/Ami/Kapitalismus-ist-an-allem-schuld" an Boden zu verlieren. Und die einstigen Propagandisten der Multikultgesellschaft haben ohnehin schon das sinkende Schiff verlassen und ein neues

Betätigungsfeld gefunden, um ihre Utopien von einer besseren Gesellschaft und einem besseren Menschen in die Realität umzusetzen. Multikulti war gestern, Gendermainstreaming ist in.

Den Karren, den man mit Schwung in den Dreck gefahren hat, sollen die anderen wieder herausziehen. Statt sich mit den Folgen verfehlter Einwanderungs- und Integrationspolitik ernsthaft auseinanderzusetzen, beschäftigen sich die Neosozialisten nun vor allem mit „geschlechtergerechter" Sprache, den Wünschen und Forderungen von Transgenderpersonen und Lesben, mit „Unisex-Toiletten" oder der staatlich gelenkten Sexualisierung von Kindern. Das ist angesichts der auf Europa zukommenden Probleme und Herausforderungen eine besonders schwere Form von Eskapismus. Man flüchtet sich in die absurde Genderscheinwelt, die man mit Unsummen an Steuergeldern errichtet hat. Gelder, die man zuvor unter anderem aus dem Sicherheitsbereich abgezogen hat. Das erinnert ein bisschen an das Märchen von den drei Schweinchen. Europa ist eine Strohhütte.

21.8.2014

Biederjournalist und die Brandstifter

Kein Tag ohne neue Schreckensmeldungen aus Syrien, dem Irak, Libyen, Nigeria, Ägypten oder dem Gazastreifen. Rund um Europa wird gekämpft, gefoltert, vergewaltigt und gebombt. Der Blutzoll ist hoch. Christen und andere religiöse Minderheiten werden verfolgt, ermordet und vertrieben. Und wann immer IS-Terroristen die Bewohner eines jesidischen Dorfes niedermetzeln, syrische Gegner am Dorfplatz kreuzigen, deren Frauen vergewaltigen und versklaven oder wenn ein Selbstmordattentäter mit den Worten „Gott ist groß" sich und möglichst viele Kuffar in die Luft jagt, dann gehört es mittlerweile zum guten Ton beim ORF und den anderen Mainstreammedien, immer anzufügen, dass das alles zwar furchtbar schlimm sei, aber mit dem Islam überhaupt nichts zu tun habe. Diese Anmerkung kommt so sicher, wie das, „Zu Risiken und Nebenwirkungen lesen Sie die…" bei der Arzneimittelwerbung. So titelte etwa der ORF: „Experten: IS hat nichts mit islamischer Religion zu tun" Na Gott sei Dank. Noch mal Glück gehabt. Wäre ja auch irgendwie unangenehm, jetzt wo der Islam in Wien schon die zweitgrößte Glaubensgemeinschaft ist. Nicht auszudenken. Aber die Annahme, dass Islamismus etwas mit dem Islam zu tun haben könnte, ist ja auch wirklich vollkommen abwegig. Und wenn es die Experten sagen, muss es wohl auch so sein.

Nun gibt es allerdings für jede Meinung, und sei sie auch noch so absurd und schräge, mindestens ein Dutzend Experten, die diese überzeugend vertreten und auch belegen können. Bei Meinungen, die im Mainstream daher treiben, gibt es diese Experten sogar im Dutzend billiger. Dementsprechend sind ihre Expertisen allerdings auch völlig wertlos. Zu allen Zeiten haben opportunistische Wissenschaftler jene Theorien und Beweise geliefert, die das jeweilige politische System gerade benötigt hat. Einer dieser Experten mit der richtigen Meinung zum richtigen Zeitpunkt ist Politologe Thomas Schmidinger. Im Ö1-Morgenjournal durfte er seine geballten Weisheiten zum Besten geben. Und die waren so nützlich, dass danach fast alle ORF-Kanäle über die Frohbotschaften Schmidingers berichtet haben: „Die brennende Frage ist daher laut Schmidinger weniger, wie man etwa europäische Muslime vor einer Radikalisierung bewahren kann, sondern wie Europa insgesamt mit seinen Minderheiten und sozialen Randgruppen umgeht", schreibt etwa orf.at. Es geht laut Schmidinger nicht um den Islam, sondern um die „sozial Schwächeren" um die „sozial deklassierten Jugendlichen".

Das hätte ein SPÖ-Politiker oder Grüner nicht besser formulieren können. Jetzt weiß man auch, woher der Islamismus kommt, vom sozial kalten, unfreundlichen, turbokapitalistischen System in Österreich. Na dann, öffnet eure Geldbörse und lasst uns noch mehr Steuergelder in die Integrations-,

Asyl- und Sozialindustrie pumpen. Da fällt sicher auch ein bisserl etwas für den Herrn Schmidinger ab. Er und seine Kollegen im Geiste bei ORF und der Mainstreampresse kennen da nix. Da können die Kämpfer des „Islamischen Staates" behaupten was sie wollen, das hat alles nichts mit dem Islam zu tun. Das wissen die Mainstream-Schreiberlinge von Wien bis Hamburg mit ihren abgebrochenen Politologie- und Germanistikstudien schließlich viel besser, als die religiösen Führer und Kämpfer des Heiligen Krieges. Da können sie sagen was sie wollen, selbst die Wahrheit.

Das erinnert an Biedermann und die Brandstifter. In dem Stück von Max Frisch quartieren sich die beiden Brandstifter Josef Schmitz und Wilhelm Maria Eisenring im Haus des reichen Haarwasserfabrikanten Gottlieb Biedermann ein. Die beiden Männer nötigen Biedermann mit dem Appell an die Menschlichkeit, sie aufzunehmen. Sie verbergen ihre Absicht, sein Haus abzufackeln, kaum. Als sie Biedermanns Dachboden mit Benzinfässern vollräumen, meint dieser völlig verunsichert, man dürfe doch nicht von jedem Menschen nur das Schlechteste denken. Er unternimmt nichts.

Aus Angst, Feigheit und in der vagen Hoffnung, dass sich doch noch alles als Irrtum herausstellen könnte, serviert er ihnen auch noch ein Festessen, holt seinen besten Wein aus dem Keller und steckt den beiden zu guter Letzt auch noch die Streichhölzer zu, in der verzweifelten Hoffnung, Schmitz und Eisenring könnten doch seine Freunde sein. Was für Außenstehende aber vollkommen lächerlich und absurd erscheint. Max Frisch beschreibt ganz gut das geistige Innenleben unserer Mainstreampolitiker, Experten und Journalisten. Natürlich wissen auch sie im Grunde was Sache ist. Doch so wie der verängstigte Biedermann haben sie die vage Hoffnung, dass ihre Parolen, Rezepte und Meinungen vielleicht doch die richtigen sind, dass sie mit ihrer Feig- und Verzagtheit vielleicht doch noch durchkommen werden.

28.08. 2014

AfD - Der Fuchs im Hühnerstall

Was für ein Gegacker. Das gute Abschneiden der AfD bei der Wahl in Sachsen hat die Mainstreampresse sichtlich in Aufregung versetzt. Man kann den Wahlerfolg nicht richtig ein- und zuordnen, ist verunsichert. Entsprechend unterschiedlich fallen die Analysen und Einschätzungen aus. Für die „Süddeutsche Zeitung" ist der Erfolg der AfD gar keiner: „Was sind 9,7 Prozent? Eine Sensation? Ein Paukenschlag?" Und was heißt überhaupt 9,7 Prozent, eigentlich sind es ja nur 4,8. Schließlich lag die Wahlbeteiligung nur bei rund 50 Prozent, rechnet die „SZ" vor. „Ein gutes Ergebnis für einen politischen Neuling, sicher. Aber mit einem Paukenschlag hätte das nichts mehr zu tun gehabt", versucht die „SZ" sich und ihre Leserschaft zu beruhigen und übertitelt das simple Rechenspielchen mit „Gekommen, um unterzugehen".

Nicht erwähnt wird, dass etwa die SPD dieser Milchmädchenrechnung entsprechend nur von rund sechs Prozent der Sachsen gewählt worden ist. Und weil man bei der „SZ" offenbar noch kein besseres Rezept gegen die „rechten" Störenfriede gefunden hat und beim „Untergang" ein bisschen nachhelfen will, packt man einmal mehr die Nazikeule aus. Gleich mehrmals wird die AfD mehr oder weniger subtil mit der NPD in Verbindung gebracht. So klein kann der Erfolg der AfD also doch nicht sein, wenn man gleich mit solch schweren Geschützen auffährt. Auch die „Neue Presse" aus Hannover schreibt: „Es ist schon erschreckend, dass im südöstlichen Freistaat trotz aller Erfolge etwa 15 Prozent Parteien vom rechten Rand wählen, dass nach der NPD nun auch noch die populistische AfD in den Dresdener Landtag einzieht."

Jedenfalls sei die AfD, konstatiert die „SZ", von einer „neuen Volkspartei, wie Lucke nach der Europawahl schwärmte, in Wahrheit wohl noch Lichtjahre entfernt." Nicht Kilometer, nicht Meilen, sondern Lichtjahre! Das geht ja noch, Glück gehabt. Zu gänzlich anderen Schlüssen kommt der „Spiegel". Er schreibt und rechnet den Erfolg der AfD nicht klein und sieht der „Gefahr" ins Auge: „Die Euro-Kritiker wollen der CDU das Feld streitig machen. Das Rezept könnte aufgehen. Klar ist schon jetzt: Die Union wird das Gespenst AfD so schnell nicht los". Und auch „Die Zeit" befürchtet: „Diese AfD geht nicht mehr weg. Wer heute gegen Homo-Ehe und gegen ‚zu viel' Einwanderung ist, eher für mehr Polizei als für bessere Prävention kämpft, wer den Islam irgendwie für bedrohlich hält und den christlichen Glauben für bedroht, der wird sich bei Parteichef Bernd Lucke, Petry und ihren Mitstreitern eher zu Hause fühlen als in der CDU. Und Umfragen zeigen, dass es genug solcher Leute gibt." Trotz des verächtlichen Tons liegt die „Zeit" damit richtig. Ja, „solche Leute" (igitt) gibt es wirklich und es dürften, angesichts der düsteren Wirtschaftsprognosen, der demographischen Entwicklung oder der wachsenden Zahl an deutschen Gotteskriegern, eher mehr als weniger werden.

Blöderweise kann die Mainstreampresse die AfD-Wähler nicht, wie sonst bei „rechtspopulistischen" Parteien üblich, als Modernisierungsverlierer und unterbelichtete Deppen hinstellen, also als Menschen, mit denen man keinesfalls etwas zu tun haben möchte. Das funktioniert in diesem Fall nicht so richtig, weil das „AfD-Milieu" zu einem Gutteil aus Selbständigen, Gutverdienern und Gebildeten besteht. Deshalb versucht man, sie als „Altherrenpartei" mit „professoralem Getue" lächerlich zu machen.

Und, so viel Klischee muss sein, Wähler von „rechten" Parteien werden grundsätzlich von (irrationalen) Ängsten gequält. In der „Frankfurter Rundschau" diagnostiziert Parteienforscher Oskar Niedermayer: „Die AfD spricht Ängste, Befürchtungen und Sorgen gerade von jungen Männern an." Für den österreichischen „Standard" sind AfD-Wähler wiederum „frustrierte Konservative". Die AfD ein Auffangbecken für rückwärtsgewandte, leistungsorientierte, frustrierte und von Ängsten zerfressene Männer. Genau solche Leute braucht man im gegenderten, neosozialistischen Multikultiparadies nicht. Für den Politologen Niedermayer steht deshalb außer Frage, dass man die AfD „bekämpfen" muss. Schließlich ist das politische

Koordinatensystem in Deutschland dank tatkräftiger Unterstützung durch die Mainstreampresse und die Wissenschaften in den vergangenen Jahren kontinuierlich nach links gerückt. Eine liberale, konservative oder gar rechte Partei wirkt in dieser monotonen Politwüste tatsächlich wie ein Fremdkörper. Die Störenfriede von der AfD bringen nur Unruhe in den gut eingespielten Politbetrieb, sie sägen an einigen Pfeilern der politischen Korrektheit. Die AfD spricht Probleme und Themen an, die die Sozialisten in allen etablierten Parteien und ihre Gehilfen in den Redaktionen lieber weiterhin verdrängen und ignorieren würden. Das wird aber mit jedem weiteren Wahlerfolg der AfD zunehmend schwieriger. Die AfD entwickelt sich zu einem immer größeren Problem für die politisch korrekte Nomenklatura. Aber es nützt nichts. Die etablierten Parteien müssen sich langsam damit abfinden, dass man sich mit „solchen Leuten" und deren Ideen, Vorstellungen und Lösungsvorschlägen auch inhaltlich auseinandersetzen muss, auch wenn es wehtut.

3.9.2014

Hermaphroditen-Judo

Obwohl Geschlechter nach gängiger Gendertheorie nur soziale Konstrukte sind, wird im Sport in fast allen Bewerben noch immer in Frauen und Männer unterteilt. Das ist nicht nur old school, sondern auch inkonsequent. Wenn es, wie die Genderideologen behaupten, bis auf die Geschlechtsorgane keine nennenswerten Unterschiede gibt, dann sollten auch Frauen und Männer im direkten sportlichen Wettkampf gegeneinander antreten. Etwa im Schwergewichtsboxen. Ebenfalls amüsant wären gemischte Rugby- oder Eishockeymannschaften. Diesen logischen Schritt scheinen Feministinnen und Gendertheoretiker aber nicht zu wagen. Warum wohl? Zu offensichtlich würden ihre Behauptungen und Theorien im wahrsten Sinne des Wortes auf spektakuläre Weise zerlegt werden. Genderschwachsinn gedeiht und hält sich eben nur in staatlich kontrollierten, reglementierten, geförderten und überwachten Bereichen. In der freien Wildbahn kann er nicht überleben.

Wenn aber weiterhin im Sport zwischen den beiden bislang einzigen Geschlechtern unterschieden wird, dann müsste man dies konsequenterweise bei den neuen 58 ebenfalls tun. Was für eine bunte Vielfalt: Transmensch-Fußball-WM, Hermaphroditen-Judo, transmaskulines Kickboxen, Cross-Gender-Country-Cross-Reiten und in Hawaii könnte man endlich den

Iron-Zwitter ermitteln. Das würde nicht nur viel Spaß und Exotik in die Sportwelt bringen. Es würde auch eine Fülle an neuen Vereinen, Verbänden und Organisationen entstehen (etwa der Landesverband der „nicht-binären" DiskuswerfX). Damit hätten Genderisten das erreicht, was sie mit ihren Forderungen und ihrem Lobbyismus sonst auch immer bezwecken: nämlich unzählige neue steuergeldfinanzierte Versorgungsjobs für sich und ihre Freunde.

8.9. 2014

Der lästige Islamismus

Langsam nerven Salafisten, Islamisten und der IS selbst die Gutmenschen. Die Medien sind jeden Tag voll mit neuen Gräuelmeldungen aus dem Islamischen Staat, immer mehr junge Moslems aus Deutschland finden das Morden im Namen Allahs attraktiv und tun das auch über soziale Netzwerke kund oder machen sich gleich selbst auf, um im Nordirak Kuffar abzuschlachten. Da wirkt die Schariapolizei in Wuppertal, die den deutschen Rechtsstaat in Frage stellt und die Politiker zu halbherzigen Reaktionen gezwungen hat, fast schon wie eine harmlose Spaßtruppe. Bei diesem Dauerfeuer an schlechten Nachrichten hat die Mainstreampresse die ebenso widerlichen wie unglaublichen Vorgänge aus dem englischen Rotherham lieber gleich verschämt auf den hinteren Seiten versteckt. Ein Skandal dieser Größenordnung und dann diese medialen Reaktionen, beschämend! Weit über tausend vergewaltigte, misshandelte und traumatisierte englische Kinder sind offenbar nur ein Kollateralschaden. Polizei und Sozialarbeiter haben jahrelang zugesehen und nichts getan. Ihre Begründung: Sie hätten Angst gehabt, als Rassisten dazu stehen. Die Mainstreamjournalisten, die gerne und oft Menschen mit anderer Meinung als Rassisten oder Populisten an den Pranger stellen, haben das natürlich sofort als dumme Ausrede erkannt und abgetan. Selbstreflexion und Selbstkritik sind nicht gerade Stärken der politisch korrekten Tugendwächter. Multikulti ist eben kein Ponyhof.

Erschreckend auch, wie schnell so grausame Taten, die mitten in Europa passiert sind, wie der blutige Anschlag im jüdischen Museum in Brüssel oder die öffentliche Enthauptung eines Soldaten in London, vergessen werden. Tragische Einzelfälle, nichts, worüber man sich ernsthafte Sorgen machen sollte. Wer es dennoch tut, ist xenophob, so wie offenbar viele Juden, die mittlerweile Europa verlassen (müssen). Die Blutbäder, die Boko Haram regelmäßig anrichtet, der Nahostkonflikt oder die unruhige Lage in den Ländern des arabischen Frühlings regen ohnehin niemanden mehr auf, so wie auch die regelmäßigen Enthauptungen von Amerikanern und Briten im Islamischen Staat. Business as ususal.

All diese brutalen Taten von Islamisten gehören mittlerweile zu unserem Alltag. Kein Tag, keine Tagesschau und keine Titelseite ohne solche Meldungen. Dabei kann man den Mainstreammedien nicht gerade vorwerfen, dass sie diese Themen hochspielen würden. Ganz im Gegenteil. Man berichtet ohnehin nur darüber, was sich nicht mehr unter den Teppich kehren lässt, relativiert, beschönigt, verharmlost. Ohne entsprechende YouTube-Videos hätte es die selbsternannte Schariapolizei wohl nie in die linke Mainstreampresse geschafft. Und dabei reden wir nur von Gewalttaten und Gesetzesverstößen. Denn auch abseits davon beansprucht das Thema Islam und Islamismus immer mehr Raum in den Medien, der Politik und der öffentlichen Diskussion. Seien es die Auftritte Erdogans in europäischen Stadien, seien es die vielen Moscheeneubauten, seien es die Forderungen und Vorwürfe der Islamlobby oder die regelmäßigen Predigten und Ermahnungen der politisch korrekten Priesterkaste gegen die Islamophoben und Rechtspopulisten

Islam und Islamismus beschäftigen die Politik auf allen Ebenen, die Journalisten und auch die einfachen Bürger. Ja, der Islam gehört, wie unsere Politiker oft betont haben, mittlerweile zu Europa. Und obwohl es viele andere Probleme gibt, schaffen es nur noch die drängendsten ins mediale Rampenlicht. Etwa die Ukrainekrise oder die gleichermaßen verzweifelten wie sinnlosen Versuche der EZB, mit der Gelddruckpresse Europas marode Wirtschaft anzukurbeln. Die Islam-Debatte verdrängt viele andere für Europa überlebenswichtigen Dinge. Und natürlich auch die Leib- und Magenthemen der Gutmenschen, Genderisten und Grünen. Schließlich ist das aktuellste IS-Enthauptungsvideo allemal aufregender, als das Feinstaubgejammer der Grünen, die Unisextoilette der Genderisten oder die angebliche Diskriminierung von Menschen mit irgendeinem exotischen „Geschlecht".

Und es wird für die politisch korrekte Elite in Politik und Medien immer schwieriger, den Bürgern den

Islam als Religiones Friedens und als Bereicherung zu verkaufen. Von den Staatsoberhäuptern abwärts bis zu den kleinen linken Funktionären kann jeder sein Sprüchlein brav aufsagen: Islamismus hat mit dem Islam nichts zu tun. Amen. Die Terroristen würden lediglich eine friedliche Religion pervertieren. Das sehen die Terroristen und ihre immer zahlreicheren Anhänger zwar völlig anders, ist aber auch unwichtig, eine bessere Strategie haben unsere Politiker eben nicht. Dass muss für das Stimmvieh reichen, schließlich wird es den Untertanen ohnehin täglich über alle medialen Kanäle ins Hirn gehämmert.

Mit den immer gleichen und immer falschen Argumenten versucht man die murrenden Menschen zu beruhigen und abzulenken. Man ruft, „Haltet den Dieb" und zeigt auf die vom Aussterben bedrohten Nazis. Der Nazipopanz ist für die politisch korrekte Elite überlebenswichtig. Der Scheinkampf gegen den weitgehend virtuelle Feind ist von zentraler Bedeutung für die politische Inszenierung, die Legitimation linker Parteien und die Manipulation der Bevölkerung. Man braucht mittlerweile nur die politisch korrekten Lehrsätze in Frage zu stellen, um als Nazi gebrandmarkt zu werden. So versucht man etwa „Rechtspopulisten" mit Islamisten gleichzusetzen. Der grüne EU-Abgeordnete Michel Reimon twitterte etwa: „Schade, dass man Freiheitliche und Islamisten nicht in einen Keller sperren und mit sich allein lassen kann."

Die Strategie ist klar, man dämonisiert auf der einen Seite die „Rechtspopulisten" und verharmlost auf der anderen Seite die Islamisten. Stellt sie auf die selbe Stufe. Ganz nebenbei lenkt man noch vom eigenen Versagen ab. Doch diese stupide Praxis nützt sich immer schneller ab, die Kluft zwischen veröffentlichter und öffentlicher Meinung wird trotz intensiver Propaganda immer größter. Die Politik und ihre Handlanger in den Medien laufen Gefahr, völlig unglaubwürdig zu werden. Zeitungskrise, niedrige Wahlbeteiligung und die jüngste Erfolge der geächteten „Rechtspopulisten" quer durch Europa sind eindeutige Alarmzeichen, die man mittlerweile auch in den politisch korrekten Elfenbeintürmen registriert.

Die Stimmung ist am Kippen. Viele ihrer einstigen Stehsätze und Phrasen nehmen die Multikultiapologeten nicht mehr in den Mund. Von kultureller Bereicherung hat schon lange keiner mehr gesprochen, auch dass der massenhafte Zuzug für die Sicherung der Renten notwendig ist, hat man lange nicht mehr gehört und Multikulti ist ohnehin nur noch negativ konnotiert. Verunsicherung und Nervosität machen sich langsam breit. Die Reaktionen darauf fallen höchst unterschiedlich aus. Manchen Gutmenschen scheint zu dämmern, was auf sie/uns zukommt und beginnen den geordneten Rückzug. Ehemalige glühende Propagandisten der Multikultiideologie räumen nun erstmals Probleme ein und versuchen sich mit argumentativen

Verrenkungen aus der Affäre zu ziehen. Das ist zum Teil recht witzig.

Etwa wenn der stets am äußeren linken Rand stehende und schreibende taz- und Standardjournalist Robert Misik plötzlich zum „Liberalen" und „Individualisten" mutiert. Das macht der bis vor kurzem noch überzeugte Kollektivist deshalb, weil „Identität" und Gruppenzugehörigkeit seiner Meinung nach schuld an den derzeitigen Gewaltexzessen sind. Welch tiefschürfende Analyse. Auf diesen Geistesblitz haben ihn offenbar die „Identitären" gebracht. Wären alle Menschen „Individualisten" wie Misik, dann würde es keine rechte und keine islamisch Gewalt mehr geben. Auch Misik stellt Rechtspopulisten mit dem IS auf eine Stufe. Was für ein alberner Versuch, sich aus der eigener Verantwortung zu stehlen.

Völlig neue Töne auch im Spiegel. Sybille Berg schreibt: „Sind die Regierungen in Europa schon so gelähmt vor Angst vor bürgerkriegsähnlichen Unruhen, dass ihnen außer der ständigen Beschwörung der anzustrebenden Integration nichts einfällt? (…) und die Welt, die keiner mehr kontrollieren kann, die Welt, die aus Kriegsnachrichten und Terrormeldungen besteht, und auch in Europa wird es ungemütlich, das Grauen rückt näher, betrifft einen plötzlich." Das hat bis vor kurzem noch ganz anders geklungen, aber jetzt „betrifft es eine plötzlich". Im poltische korrekten und gegenderten Elfenbeinturm macht sich Nervosität breit. Und auf die reagiert jeder anders. Manche machen, weil sie nichts anders kennen und können, stur weiter wie bisher, stecken den Kopf in den Sand, relativieren, leugnen und beschönigen. Zu dieser Spezies gehört Till-R. Stoldt. In der Welt fordert er: „Stoppt die Hysterie um die ‚Scharia-Polizei‘“! Und die Salafisten, die unter anderem Kämpfer für den heiligen Krieg im Nordirak anwerben, bezeichnet er beinahe liebevoll als „Jungs“. Ja, die netten Islamistenjungs, wäre da nicht die böse Gesellschaft…

Auch Jakob Augstein findet die Schariapolizisten eigentlich ganz witzig: „Vorsicht! Islamismus immer schlimmer! Männer in orangefarbenen Warnwesten streifen durch deutsche Innenstädte: Die ‚Scharia-Polizei‘ auf Streife. Türkische Ladenbesitzer verstecken den Raki unter dem Tresen. Deutsche Männer kleben sich dunkle Schnurrbärte ins Gesicht, blonde Frauen rätseln: Kann ich mein Arschgeweih auch unter der Burka tragen?“ Ein echte Humorkanone, dieser Augstein. „An appeaser is one who feeds a crocodile hoping it will eat him last”, so hat Winston Churchill solche Leute beschrieben. Das Kampfgebiet ist noch nicht auf Europa ausgeweitet worden. Das ist aber nur eine Frage der Zeit, wie selbst Sybille Berg festgestellt hat.

Dieselben Leute, die bei jedem an die Wand geschmierten Hakenkreuz zu hyperventilieren beginnen, sehen die Islamisten und ihre Taten ziemlich locker. Wie sorglos mit diesen beunruhigenden Entwicklungen in einem Land mit solch einer Vergangenheit umgegangen wird, ist atemberaubend. Zumal wir dank der demographischen Entwicklungen erst ganz am Anfang stehen. Und dann gibt es noch die politischen korrekten Fundamentalisten und Islamlobbyisten, die all ihre Gegner mit Sprachregelungen und Gesetzen mundtot machen wollen. Da warnt etwa die SPD-Generalsekretärin Yasmin Fahimi davor, die islamistischen Terroristen des Islamischen Staat in die Nähe des Islams zu rücken (waren früher wahrscheinlich alles Buddhisten). Die Gruppierung solle öffentlich nicht als „radikal-islamisch" bezeichnet werden, fordert Fahimi.

Und schon ist das Probleme gelöst. Denn am meisten unter den islamistischen Gewalt leiden ja nicht die Jesiden oder Christen im Nordirak, sondern die Moslems selbst. Es gehört mittlerweile zur politisch korrekten Folklore, dass nach jeder islamistischen Gräueltat sofort verkündet wird, dass die eigentlichen Opfer Moslems seien, da sie von den latent rassistischen Europäern dafür verantwortlich gemacht und diskriminiert würden. Die Opferpose funktioniert bei den schuldstolzen und sich selbst hassenden Europäern fast immer, sei sich auch noch so unglaubwürdig. Das hat sich mittlerweile weltweit herumgesprochen.

Denn es ist schon auffällig, dass zwar zigtausend Moslems gegen Israels militärische Reaktionen auf die Hamas-Raketen in Europa auf die Straßen gehen, aber noch keine auch nur annähernd gleichgroße Demo gegen die Gräueltaten des IS stattgefunden hat. Und für diejenigen Bürger, die trotz der politisch korrekten Propaganda, trotz der permanenten Beschwichtigungen beunruhigt sind (also eine Phobie haben) und ihre Sorgen und Ängste auch noch öffentlich artikulieren, gibt es in der EU entsprechende Gesetze gegen Verhetzung. Und die sind so formuliert, dass man sie bei Bedarf jederzeit als politische Erziehungsinstrument verwenden kann. Ja, in Europa wird es ungemütlich.

16.9.2014

Weckruf an den Mainstream

Die Lage ist schlimmer als gedacht. Auch in Österreich. Im Standard, der nicht gerade als rechtspopulistisches Kampfblatt bekannt ist, packt ein Beamter des Verfassungsschutzes aus: *„Wir beobachten vor allem in den letzten Monaten einen ganz starken Zulauf zu den Moscheen und registrieren eine wesentlich größere Gewaltbereitschaft als noch vor ein paar Jahren. In Wiener Moscheen tragen junge Männer militärische Kleidung. Kürzlich haben Kollegen festgestellt, dass nach einem Freitagsgebet 100 von 120 Männer mit Messern bewaffnet waren."* Dabei ist das Problem alles andere als neu. Seit vielen Jahren warnt der Verfassungsschutz die Politik vor dem Entstehen einer radikalen Islamistenszene. Vergeblich. *„Wir warnen schon lange vor dieser Gefahr des neuen radikalen Islamismus und Antisemitismus und verfolgen die Szene schon seit Jahren. Aber viele Informationen, die wir gesammelt haben, sind leider auf dem Weg ins Ministerium versiegt. Die Politik hat die Berichte jahrelang ignoriert und hat weggeschaut."*

Das erinnert stark an die Geschehnisse im englischen Rotherham. Dort wurden jahrelang weit über tausend Kinder vergewaltigt, misshandelt und traumatisiert. Sozialarbeiter, Polizei und sicher auch die lokale Politik wussten davon. Man hat nichts getan, weil diese Gräueltaten nicht in das simple schwarzweiße politisch korrekte Weltbild gepasst haben. Briten haben Täter, Zuwanderer Opfer zu sein. Die umgekehrte und häufigere Konstellation darf es in der schönen neuen Multikultiwelt nicht geben. Daran haben sich alle zu halten. Allen voran die Medien. Die Polizisten und Sozialarbeiter hatte aus genau diesem Grund die berechtigte Angst, als Rassisten, Nazis, Xenophobe gesteinigt zu werden, vor allem wenn sich der Verdacht nicht bestätigt hätte. Man kann sich die Schlagzeilen und das Gejaule der NGOs gut ausmalen. Man hielt deshalb den Mund. Das wurde auch ganz offen von den Zuständigen zugegeben. Für die große Sache, den linken Traum von einer besseren multikulturellen Gesellschaft, mussten Hunderte Kinder jahrelang furchtbar leiden, ihr Leben wurde nachhaltig zerstört. Und der Gipfel der Heuchelei war, als genau diese Mainstreammedien, als der Fall doch an die Oberfläche kam, ohne jede Selbstkritik die alleinige Schuld bei den lokalen Behörden und Politik suchten und natürlich fanden. Die Journalisten, die gerne die Nazi- und Rassismuskeule schwingen, fragten scheinheilig, wie konnte das nur passieren?

Dabei ist das in ganz Europa gängige Praxis. Wer die Dogmen der politisch korrekten Ideologe in Frage stellt und die Politik der Sozialisten in allen Parteien kritisiert, wird von den Mainstreammedien fertig gemacht. Zu besichtigen und nachzulesen fast täglich in TV und Presse. Ein loses Netzwerk aus mehr oder weniger sozialistischer Parteien, Mainstreammedien,

Kulturschaffenden und NGOs schafft und definiert den Rahmen, in denen sich politischen Debatten abspielen dürfen, gibt die politische Richtung vor und bestimmt so die Zukunft Europas, ob eine (pseudo)bürgerliche Regierung an der Macht ist oder nicht, ist dabei unerheblich. Sie haben die Deutungshoheit, sie bestimmen darüber, wer oder was gut und böse ist. Böse waren und sind alle jene, die das wahnwitzige europäische Multikultiexperiment, das gerade vor unseren Augen implodiert, kritisiert und auf dessen Gefahren und Auswirkungen hingewiesen haben. Jetzt tritt ein, wovor viele Menschen lange und vergeblich gewarnt haben. Was in Rotherham passiert ist, hätte genauso gut in Frankreich, Deutschland oder Österreich passieren können (oder passiert ohnehin gerade).

Jetzt wäre ein guter Zeitpunkt für die Mainstreammedien die ideologischen Scheuklappen und den Hass auf Andersdenkende abzulegen und das zu tun, was die eigentliche Aufgabe von Journalisten ist, die Bevölkerung möglichst objektiv zu informieren. Ein frommer Wunsch. Denn dazu müsste man seine jahrelangen Überzeugungen in Frage stellen, sich Fehler eingestehen und vor allem zugeben, dass die geistig minderbemittelten und abgrundtief schlechten Konservativen, Neoliberalen oder Rechten vielleicht doch recht hatten. Das bringen nur wenige Neosozialisten übers Herz. Das eigene Seelenheil und Wohlbefinden ist eben wichtiger, als die Zukunft eines ganzen Kontinents.

Deshalb macht man weiter wie bisher: verharmlost, relativiert und verachtet die Überbringer der schlechten Botschaften. Der verzweifelte österreichische Verfassungsschützer im Standard: *„Aber es kann doch nicht sein, dass sich orthodoxe Juden in Wien im Jahr 2014 nicht mehr auf die Straße trauen."*

19.09.2014

Willkommen in der Dritten Welt

Urlauber verlassen wutentbrannt das „Haus Semmering". In dem Hotel sind, ohne Wissen der Gäste, 141 Flüchtlinge einquartiert worden. Das österreichische Innenministerium hat die Dreisterne-Herberge kurzerhand in ein Flüchtlingslager umfunktioniert. Das hat nicht nur die letzten Hotelgäste erzürnt, auch die Bewohner des steirischen Urlaubsortes Spital am Semmering sind wütend und verängstigt. 400 Bürger des nur rund 1.500 Einwohner zählenden Ortes machen bei einer Versammlung ihrem Ärger Luft. Sie sind besorgt, handelt es sich bei den Flüchtlingen schließlich überwiegend um junge Männer. Und die treten nur „rudelweise auf, da hat man Angst", so eine Frau aus dem Ort.

Er sei überzeugt, dass die Menschen wieder wegziehen, versucht der steirische Soziallandesrat zu beruhigen. Er erntet dafür nur lautes verbittertes Gelächter aus dem Publikum. Auch der stellvertretende Landespolizeidirektor kann keine Probleme erkennen. Der Polizeiposten des Ortes ist allerdings erst vor kurzem aus Kostengründen dicht gemacht worden. Europa im Brennglas einer kleinen Ortschaft mitten in Österreich. Spital am Semmering ist überall in der EU. So wie auf lokaler Ebene, versuchen auch in Brüssel, Wien, Berlin oder Paris die Verantwortlichen die zunehmend besorgten Bürger mit hohlen Phrasen, leeren Versprechungen, viel Zynismus und dreisten Lügen abzuspeisen. Man ignoriert ihre Ängste und gibt vor, alles im Griff zu haben und hat die Kontrolle und den Überblick längst verloren, in Spital am Semmering genauso wie in Brüssel.

Deshalb wird jeder illegale Einwanderer, der es nach Europa schafft – und das sind dank lascher Überwachung sehr viele – von Politik und Medien automatisch als „Flüchtling" bezeichnet. Das ist eine ganz bewusste Täuschung, denn ein Flüchtling ist gemäß Genfer Flüchtlingskonvention nur, wer aufgrund seiner Rasse, Religion, Nationalität, Zugehörigkeit zu einer bestimmten sozialen Gruppe oder politischer Überzeugung verfolgt wird. Diesen Menschen soll und muss man helfen. Viele dieser „Flüchtlinge" wollen aber nur ihre Lebenssituation verbessern und an den Segnungen der europäischen Sozialstaaten teilhaben. Sie sind schlicht illegale Einwanderer. Das wird aber weder von Politik noch von den Mainstream-Medien ernsthaft thematisiert.

Die derzeitige Immigrationswelle ist aber nur der (vorläufige) Höhepunkt der jahrzehntelangen europäischen Einwanderungspolitik bzw. das Unterlassen einer solchen. Sie hat den Kontinent geprägt und massiv verändert. Begonnen hat es in den 60er Jahren des vergangenen Jahrhunderts, als man mit den so genannten Anwerbeabkommen unqualifizierte und billige Arbeitskräfte ins Land holte. Damals wurden sie von Wirtschaft und

Industrie auch tatsächlich benötigt. Mit der zunehmenden Automatisierung und der voranschreitenden De-Industrialisierung Europas ist der Bedarf an diesen einfachen Hilfskräften aber weitgehend verschwunden. An der europäischen Laissez-faire Einwanderungspolitik hat das aber nichts geändert.

Im Gegenteil. Die Verantwortlichen haben nicht ihre Politik, sondern nur ihre Argumente der veränderten Situation angepasst und weiterhin massenhaft Menschen aus Staaten mit vormodernen Gesellschaftsstrukturen importiert. Diese Einwanderer waren plötzlich eine kulturelle Bereicherung, versprachen Vielfalt, Bunt- und Weltoffenheit. Volkswirtschaftliche Überlegungen spielten kaum noch eine Rolle. Zuwanderung wurde zunehmend zu einer moralischen Frage. Es wurde ein tiefer Graben gezogen. Jeder, der die möglichst grenzenlose Zuwanderung möglichst vieler bildungsferner und unqualifizierter Menschen aus rückständigen Regionen kritisierte, wurde und wird als reaktionärer, xenophober, dummer und schlechter Mensch gebrandmarkt und aus der politisch korrekten Wir-Gruppe ausgeschlossen. Er wird zum Paria. Täglich finden zur Erbauung und Belehrung der Europäer in den Medien entsprechend inszenierte Schauprozesse statt.

Politiker, Journalisten, Künstler und die NGO-Gutmenschen meiden, verachten und verfolgen alle

„rechtspopulistischen" Parteien, Politiker und deren Anhänger. Zuwanderung musste fortan nicht mehr begründet werden. Eine moderne Gesellschaft braucht sie, um modern zu sein. Punkt. Diese Zuwanderungspolitik hat auch eine riesige Asyl-, Integrations- und Sozialindustrie mit Tausenden von Arbeitsplätzen hervorgebracht. Diese Menschen würden ohne permanenten Nachschub an möglichst ungebildeten und integrationsunwilligen Einwanderern ihr Jobs verlieren und damit selbst zu den von ihnen so gehassten „rechten" Modernisierungsverlierern zählen.

No Borders, No Nation... ist einer der Slogans dieser Lobby. Die deutsche Grünpolitikerin Katrin Göring-Eckardt meinte in einem Interview: „Sind wir ein Land, das für Migrantinnen und Migranten offen ist, was Leute anzieht, die wir übrigens dringend brauchen, nicht nur die Fachkräfte, sondern weil wir auch Menschen hier brauchen, die in unserem Sozialsystem zuhause sind und sich auch zuhause fühlen." Und das tun mittlerweile sehr viele, das hat sich außerdem weltweit herumgesprochen. Welch massive Auswirkungen diese weitgehend unkontrollierte Zuwanderung vor allem aus Ländern des arabischen, islamischen und afrikanischen Raums in unsere Sozialsysteme hat, dürfte den wenigsten wirklich bewusst sein. Diese Menschen kommen aus Ländern, die von Armut, politischer Instabilität, Kriminalität, Korruption, politischen und religiösen Unruhen, Rechtsunsicherheit, vormodernen

Gesellschaftsstrukturen, einer darnieder liegenden Wirtschaft etc. gekennzeichnet sind. All das importiert Europa mit diesen Menschen mit.

Das wird nie thematisiert, ja man bestreitet das vehement und nimmt es als gegeben an, dass sich die neuen EU-Bürger einfügen, dass eine bunte, aber harmonische und friedliche europäische Gesellschaft, am besten ganz ohne Militär, entsteht. Diese Annahme beruht auf dem fundamentalen Denkfehler der Sozialisten, dass man mit der richtigen, sprich marxistisch/leninistischen Politik und der richtigen Erziehung, sprich Indoktrinierung, nicht nur eine neue bessere Gesellschaft, sondern auch einen neuen besseren Einheitsmenschen schaffen kann. An dieser Vision sind bisher alle sozialistischen und kommunistischen Massenexperimente gescheitert. Aber 100 Millionen Todesopfer sind offenbar noch nicht genug.

Dabei ist es simpel. Europa holt sich mit den Menschen natürlich auch deren Kulturen, Religionen, Einstellungen, Mentalitäten und Denkweisen ins Land. Wie könnte es auch anders sein. Und das ist nicht immer und in jedem Fall bereichernd.

Es zeigt sich bereits jetzt sehr deutlich, dass die europäische Kultur und die europäischen Werte für die meisten dieser Einwanderer nicht attraktiv genug sind, um sie zumindest teilweise anzunehmen, sich zu integrieren, ja sie überhaupt anzuerkennen und zu respektieren. Das ist kein Wunder, hasst schließlich die tonangebende politisch korrekte Elite in Politik, Medien und Kunst die „dekadente" abendländische Kultur, schwärmt die Linke, wie einst Jean Jaques Rousseau, vom edlen Wilden als Vor- und Leitbild. Der wird im neuen Jahrtausend nicht mehr von Südseeinsulanern oder Irokesen verkörpert, sondern von Einwanderern aus dem islamischen Raum. Diese vom Westen und vom Kapitalismus noch nicht „verdorbenen" neuen Bürger sollen Europa neue Impulse liefern und es von seiner kolonialen und nationalsozialistischen Erbschuld reinwaschen. Und es funktioniert.

Es gleicht sich immer mehr den Ländern an seinen Rändern an, wird den Staaten, aus denen die Menschen zu uns strömen, immer ähnlicher. Das ist keine Prophetie, keine Paranoia, sondern kann bereits jetzt überall besichtigt und anhand von Zahlen belegt werden. Dazu muss man nur seine ideologischen Scheuklappen ablegen. Europa wird langsam aber sicher Teil der Dritten Welt. Beispiel österreichisches Bildungswesen. Es ist eines der teuersten der Welt. Trotzdem bringt es immer mehr Analphabeten hervor. Jahr für Jahr verlassen Tausende junge Menschen die Schulen, ohne richtig lesen oder rechnen zu können. Mittlerweile gibt es alleine in Österreich rund eine Million Analphabeten – und das in einem Land mit einer Schulpflicht von neun Jahren und mit gerade einmal acht Millionen Einwohnern.

Und weil die Linke die Folgen und Auswirkungen der massenhaften Einwanderung bildungsferner Schichten negiert, wird für diese verheerende Bildungsbilanz ausschließlich das schlechte Schulsystem verantwortlich gemacht. Seit Jahren basteln die regierenden Sozialisten daran herum, schaffen Noten ab, erfinden neue Schultypen, propagieren und fördern die Gesamt- und Ganztagsschulen. Das Ergebnis ist immer dasselbe, die Leistungen und das Niveau sinken beständig. Man versucht mit sinnlosen Alibiaktionen von der wahren Problematik abzulenken und täuscht so Kompetenz und politische Handlungsfähigkeit vor. Das Tarnen und Täuschen wird von Jahr zu Jahr und mit jedem zusätzlichen Analphabeten aber zunehmend schwieriger und es ist auch nicht nachvollziehbar, warum ein Schulsystem, das noch in den 70er und 80er Jahren das Land mit ausreichend Fachkräften und Akademikern versorgt hat, plötzlich nicht mehr funktionieren sollte. Dass der in Europa mittlerweile verpönte klassische Frontalunterricht nach wie vor hervorragende Ergebnisse erzielt, beweisen Staaten wie Südkorea oder China beim Pisa-Test jedes Jahr aufs Neue.

Die Verantwortlichen weigern sich beharrlich, das Abstürzen des europäischen Bildungsniveaus mit der neuen Bevölkerungsstruktur, mit den kulturell und religiös bedingten Einstellungen zu Leistung und Bildung vieler dieser Neo-Europäer in Verbindung zu bringen. Für einen (Noch)Industriestaat ist das eine fatale Entwicklung. Bereits jetzt finden Konzerne nicht mehr genügend Fachkräfte, Stellen können nicht mehr nachbesetzt werden, obwohl die Arbeitslosigkeit immer weiter steigt. Und es kommt auch weiterhin keiner der dringend benötigten Ingenieure, Forscher und Techniker nach Europa. Sie haben mittlerweile bessere Chancen in anderen Ländern und Regionen. Für Europa bleiben jene, die sich „in unseren Sozialsystemen zuhause fühlen sollen". Aber das ist ja so gewollt.

Dieser Fachkräftemangel betrifft aber nicht nur anspruchsvolle Tätigkeiten in High Tech-Betrieben, auch der Handel und das Handwerk klagen bereits über die katastrophale Situation. Und es wird nicht besser, dafür sorgen Einwanderungspolitik und Demographie. Noch arbeiten in der Privatwirtschaft, den Forschungsabteilungen, der öffentlichen Verwaltung, den Spitälern, den Gerichten fast ausschließlich gut ausgebildete Menschen, die im Europa des vergangenen Jahrhunderts sozialisiert wurden, also leistungs-, erfolgsorientiert und bildungsaffin sind. Diese Eigenschaften und Einstellungen verlieren zunehmend an Bedeutung.

Nun beginnt der Austausch. Damit dieser erfolgen kann, müssen allerdings die Aufnahmekriterien, also die Standards, deutlich gesenkt werden. Ohne die Absenkung des Niveaus könnten schon jetzt viele Stellen im öffentlichen Bereich nicht mehr besetzt werden. Man macht immer größere Abstriche. Schon bald werden in den Ämtern Menschen sitzen, die gröbere Probleme mit Rechtschreibung, Prozentrechnen oder den Grundrechnungsarten haben. Beste Voraussetzungen für eine moderne und gut funktionierende Verwaltung. Wir werden immer mehr zur Dritten Welt. Die Folgen sind absehbar, die Verwaltung wird immer ineffizienter und korrupter, Betriebe wandern ab, ebenso wie hoch qualifizierte Menschen. Der Braindrain hat längst begonnen. Die hohen Standards im Gesundheitswesen, den Universitäten oder den Forschungsabteilungen sind angesichts solcher Entwicklungen nicht länger zu halten. Man muss sich nur die internationalen Universitätsrankings ansehen, ein europäisches Trauerspiel. Kurz, die Länder der EU mutieren immer mehr zu vormodernen islamisch geprägten Dritte-Welt-Staaten mit all deren Charakteristika wie instabilen politischen Verhältnissen, Diskriminierung von Andersdenkenden oder Einschränkung der Presse- und Meinungsfreiheit. Das ist übertrieben? Stimmt. Noch sind wir nicht so weit, aber man arbeitet daran. Man denke nur an die Verhetzungsparagraphen, mit denen Andersdenkende bei Bedarf mundtot gemacht werden können. Europa ist jedenfalls auf gutem Weg.

Nochmals Beispiel Österreich. Im hoch verschuldeten rot-grün regierten Wien gibt es kaum Probleme, im Gegenteil. Alles funktioniert, alles ist toll, Wien ist sogar die lebenswerteste Stadt der Welt. Das verkünden zumindest die auflagenstärksten Zeitungen der Stadt. Dass diese Boulevardblätter mit Inseraten der Stadt Wien und ihrer Firmen geradezu zugeschüttet werden, hat damit natürlich nichts zu tun, sicher nicht. Man kauft sich die Medien. Demokratie geht anders. Und auch in Brüssel ist man nicht gerade ein Fan von Transparenz oder freien und selbst bestimmten Bürgern. Die Rechte der Europäer werden immer mehr beschnitten, die EU-Nomenklatura greift immer massiver in das Leben der Bürger ein. Europa entfernt sich Schritt für Schritt von einer liberalen Demokratie. Und die Mainstream-Medien helfen mit.

Auf der andern Seite bröckeln die Gewaltmonopole, die europäischen Staaten verlieren zunehmend die Kontrolle über ganze Stadtteile und Bevölkerungsgruppen. Auch das ist typisch für Dritte-Welt-Staaten. Die EU oszilliert zwischen totalem Machtanspruch und totaler Machtlosigkeit. In Europa entstehen überall neuen Machtstrukturen und Parallelgesellschaften, auf welche die Staaten immer weniger Einfluss haben. Immer mehr Bürger erkennen den Rechtsstaat und seine Vertreter nicht mehr an. Man denke nur an die zunehmende Respektlosigkeit und Gewalt gegenüber Polizisten. Die EU und ihre Staaten verlieren immer mehr an Autorität. Die Gender- oder Klimapropaganda erreicht immer weniger Menschen. Damit werden fast ausschließlich die autochthonen Bevölkerungen gegängelt. Bei vielen zugewanderten Gruppen, mit ihren bösen patriarchalen Strukturen, greift Gender-

Mainstreaming de facto nicht. Um diese Entwicklung zu erkennen, bedurfte es nicht erst der Schariapolizei in Wuppertal. Religiöse Vorschriften, kulturelle Traditionen oder Clanstrukturen ersetzen zunehmend die bestehenden Gesetze. Ein trauriges Beispiel dafür ist etwa Bremen. Dadurch wird die Lage in ganz Europa zunehmend instabiler.

Das führt direkt zum nächsten Charakteristikum eines Dritte-Welt-Staates. Er ist von Unruhen, Bürgerkriegen, Terrorismus oder Stammesfehden geprägt. Auch das kommt auf Europa zu. Einen kleinen Vorgeschmack haben die Ausschreitungen in den französischen Banlieues, in London oder Malmö bereits geliefert. Auch wenn Politik und Medien versucht haben, sie als soziale (antikapitalistische) Jugendrevolten dazustellen, hatten sie in Wahrheit vor allem kulturelle, ethnische und religiöse Ursachen. Mit dem „Islamischen Staat" und den heimkehrenden radikalisierten und kampfbereiten Moslems wird die Situation noch gefährlicher. Wie viele Sympathisanten der IS mittlerweile in Europa hat, wollen die verantwortlichen Politiker erst gar nicht wissen. Bisher war Europa nur mit vereinzelten Terroranschlägen konfrontiert. Auch das dürfte sich ändern.

Trotzdem macht die politisch korrekte Elite weiter, als ob es diese Entwicklungen nicht gäbe oder als ob man sie mit lächerlichen Reformen, Dialogreihen und anderen Alibiaktionen stoppen könnte. In Wahrheit stehen die europäischen Regierungen längst vor einem Scherbenhaufen. Da stellt sich die Frage nach dem Warum. Werden doch gerade viele der glühendsten Anhänger der politisch korrekten Mulitkulti-Ideologie deren erste Opfer sein. Zum Beispiel die Frauen.

Die progressiven Feministinnen und Genderistinnen erringen gerade einen Pyrrhussieg nach dem anderen: Frauenquoten in immer mehr Bereichen, Gender-Mainstreaming wurde gesetzlich auf allen Ebenen verankert, die Sprache verweiblicht, etc. Doch in absehbarer Zeit wird das alles Geschichte sein. In einem islamisch geprägten Europa werden Frauenrechte kaum noch einen Stellenwert haben. Gender-Mainstreaming ist dann nicht mehr als ein schlechter Witz. Der Fall wird tief und hart sein. Nach dem Traum vom gegenderten Einheitsmenschen, der sein Geschlecht nach Lust und Laune wechseln kann, kommen Burka und Zwangsehe. Zurück an den Herd, heißt die Devise. Was für eine Karriere.

Und trotz dieser absehbaren und geradezu unvermeidlichen Entwicklungen, macht man weiter. Man sieht den Abgrund und steigt aufs Gas, man sehnt den Aufprall regelrecht herbei. Bester Beweis dafür: Viele Europäer haben aufgegeben sich fortzupflanzen. Man kämpft nicht mehr für die Zukunft seiner Kinder, man bekommt erst gar keine. Viele Europäer haben kein Interesse mehr am

Fortbestand der eigenen so verhassten Kultur. Bezeichnend dafür ist auch, dass Europa nicht mehr willens oder in der Lage ist, gegen den IS direkt vor seiner Haustür zu kämpfen. Es sind einmal mehr die USA, die das für das müde und feige Europa übernehmen müssen. Europa sendet ein unmissverständliches Signal an all seine Feinde, wie ein Hund, der sich auf den Rücken dreht.

Das Vakuum, das dieser Defätismus und dieser mangelnde Selbsterhaltungstrieb erzeugen, wird natürlich schnell und restlos ausgefüllt. Genau das passiert gerade. Wir leben in bewegten Zeiten, das spüren mittlerweile sogar die Bewohner im kleinen Spital am Semmering.

25.9. 2014

Der Gemüsedschihad

Nach Jahrzehnten monokultureller Eintönigkeit ist Europa jetzt endlich bunt und vielfältig. Ganz so, wie es sich die Multikulti-Ideologen immer gewünscht haben. Und wie es sich für eine bunte und kulturell bereicherte Gesellschaft gehört, gibt es in ihr ganz unterschiedliche Entwicklungen und Strömungen. Da wären etwa die Veganer. Ein Trend, der seit Monaten von den Mainstreammedien und Grünpolitikern (Stichwort Veggieday) getrommelt wird. Wobei Veganer, das sind Menschen, die weder Tiere noch deren Produkte verzehren oder anziehen, in ihrer Rohheit und Brutalität fast schon wieder als rückständig und out gelten. Wer im alternativen Öko-Paralleluniversum wirklich etwas auf sich hält, der ist mittlerweile Frutarier. Die kümmern sich nicht nur um die Viecherln, sondern auch um das Seelenheil der Pflanzen. Frutarier wollen Pflanzen nicht zu sehr schädigen oder gar töten. Sie essen deshalb vor allem Fallobst oder Nüsse. Ein Kornspitz ist für sie nur das traurige Ergebnis eines Massenmordes an unschuldigen Getreidehalmen.

Da lebt in einer europäischen Großstadt, sagen wir mal Wien, ein Frutarier, der den Anblick einer getöteten oder gequälten Pflanze nicht ertragen kann, Tür an Tür mit einem jungen Dschihadisten. Der hat gerade Fronturlaub und erholt sich vom Abschlachten ungläubiger Frauen und Kinder. Ja, Europa ist bunt geworden. Auch Dschihadismus ist derzeit ja total angesagt bei uns. Fast ein noch größerer Trend als vegane oder frutarische Ernährung. Es kann noch spannend werden, im bunten Europa.

5.10.2014

Die Zukunft der Bobo-Kinder

„Kinder sollen auf ein individuelles Leben in der Gesellschaft vorbereitet werden, insbesondere den Geist des Friedens, der Würde, der Toleranz, der Freiheit, der Gleichheit und der Solidarität." Das ist das Leitmotiv eines privaten Kindergartens in Wien. In diesem Alternativkindergarten sind die Ziele hehr und die Welt noch in Ordnung. Dafür sorgen vor allem die monatlichen Gebühren. Sie verhindern, dass Kinder mit Migrationshintergrund aus der bildungsfernen Unterschicht die Bobo-Idylle stören. In den öffentlichen Kindergärten geht es in der Regel etwas rustikaler zu, der Clash of Civilizations beginnt schon im Kleinkindalter.

Aber deswegen gibt der gemeine Bobo seine Kinder natürlich nicht in den teuren Privatkindergarten. Das ist eine böswillige Unterstellung. Man tut das selbstverständlich nur, weil es dort die besseren pädagogische Konzepte, die umfassendere Betreuung und das engagiertere Personal gibt. Bobo-Eltern glauben das tatsächlich. Man belügt sich selbst, um seine Werte, Überzeugungen und sein soziales Umfeld nicht verraten zu müssen und um die unangenehme kognitive Dissonanz aufzulösen. Natürlich ist man kein Rassist und kein Ausländerhasser, das ist in unserer politisch korrekten Gesellschaft der schlimmste Vorwurf, den man machen kann, weit übler als etwa Kinderschänder oder IS-Terrorist und deshalb völlig undenkbar.

Bobos bekommen selten Kinder. Es gibt zwar keine Studien und keine genauen Zahlen, aber evident ist, dass im akademischen Milieu die Geburtenrate deutlich unter dem ohnehin schon sehr niedrigen Durchschnitt liegt.

Man will keine unschuldigen Kinder in diese kalte kapitalistische und vom Klimakollaps und der Überbevölkerung bedrohten Welt setzen, so eines der dümmlichen Standardargumente gegen das Kinderkriegen. Da ist man ganz selbstlos und verantwortungsvoll. Auch so eine linke Lebenslüge. Wenn Bobos sich trotz Klimawandels, Bankenlobby und US-Imperialismus dazu entschließen ein Kind zu bekommen (mehr werden es in der Regel nicht), dann wendet man sehr viel Geld, Zeit und Energie auf, damit der Sprössling einer möglichst rosigen Zukunft entgegengeht. Vom Privatkindergarten kommt der Nachwuchs deshalb direkt auf die Privatschule. In Wien liegt der Anteil an Privatschüler zum Beispiel bei rund 20 Prozent. „Zu wenig Förderung, schlechte Lehrer, keine Nachmittagsbetreuung. Die Eltern, deren Kinder eine Privatschule besuchen, haben viele Gründe dafür", schreibt die linke Tageszeitung „Der Standard".

In Wahrheit haben die Eltern einen einzigen Grund. Auch in den Privatschulen wird das eigene Kind dank Schulgeld vor zu engem Kontakt mit den bildungsfernen Unterschichten jedweder Herkunft geschützt. Gewalt, Nötigung, Diskriminierung und all die anderen unschönen Dinge, die an vielen öffentlichen Schulen in den Ballungsräumen längst zum Alltag gehören, kennt man dort nicht. Und weil man unter sich ist und Kinder bildungsferner Milieus den Unterricht nicht stören und bremsen, sind auch die Lernerfolge deutlich besser. Und das nicht wegen, sondern trotz alternativer pädagogischer Konzepte. Es ist paradox.

Bobo-Eltern tun alles, um ihre Kinder vor genau jener Welt und jenen Lebensumständen zu schützen und abzuschirmen, für die sie selbst, dank ihres Wahlverhaltens, ihrer politischen Überzeugung und ihres Engagements, verantwortlich sind. Man propagiert eine Gesellschaft und erzeugt eine Lebenswirklichkeit, der man seine eigenen Kinder nicht aussetzen will und erfindet fadenscheinige Ausreden, um das für sich und sein Mitmenschen zu kaschieren. Man kämpft für Vielfalt und Buntheit, die Ausflüge in die multikulturelle Realität beschränken sich aber zumeist auf Kulinarik und Hochkultur. Nach einer afrikanischen Tanzperformance noch einen leckeren Fatousch beim exklusiven Libanesen ums Eck. So macht Multikulti Spaß, die negativen Begleiterscheinungen wälzt man lieber auf die unteren Schichten, die Modernisierungsverlierer ab.

Dieses widersprüchliche Verhalten, wäre ein Fall für die Wissenschaft, für Psycho- oder Soziologen. Doch die machen nur Studien, die ihr eigenes Weltbild bestätigen und die dominante politisch korrekte

Ideologie stützen. Als Handlanger der neosozialistischen Elite ist von dieser Seite keinerlei Erkenntnisgewinn zu erwarten. Wie auch immer. Auch in anderen Bereichen versucht man die Kinder ganz bewusst vor den Gefahren der dekadenten kapitalistischen Konsumgesellschaft abzuschirmen. So hält man Schund, Trash und Trivialkultur von ihnen fern. So gut es eben geht. Das heißt Astrid Lindgren statt SuperRTL, grünlinkes Kindertheater statt Megaplexkino, Kunstmuseum statt Rummelplatz, naturbelassenes Holzspielzeug statt Nintendo. Bobo-Kinder wachsen in einer bunten linksintellektuellen Seifenblase auf.

Gefahren lauern auf Bobo-Kinder nämlich überall. Auch in Nahrungsmitteln. Zucker hat bei Bobo-Eltern ungefähr den selben Stellenwert wie Crack oder Heroin. Schokoriegel, Schlecker und zuckerhaltige Limonaden, vor allem von bösen imperialistischen US-Konzernen, sind Teufelszeug. Gleiches gilt für Fastfoodketten. Wer seinem Kind keine „gesunde" Biojause in den alternativen Privatkindergarten mitgibt, steht in der Achtung von Boboeltern irgendwo zwischen Rechtspopulist und Helene Fischer-Fan. Um die ideologisch richtige Ernährung der Kinder ist ein quasi-religiöser Kult entstanden. Dementsprechend wenig Rolle spielen dabei Faktoren wie Gesundheit, Ausgewogenheit oder die Bedürfnisse der Kinder. Der Nachwuchs wird im wahrsten Sinne des Wortes mit grünalternativer Ideologie gefüttert. Das ist zwar gut für die Erziehung und die richtige Weltanschauung, aber ziemlich schlecht für den Körper. Wie der Tagesanzeiger berichtet, häufen sich in der Schweiz die Fälle, in denen Kinder aufgrund veganer Ernährung dauerhafte Gesundheitsschäden davontragen.

Auch auf die Moral, die richtige politische (korrekte) Einstellung und ein (politisch) korrektes Verhalten legen die spießigen Bobo-Eltern größten Wert. Kinder sollen in keine Geschlechterrollen gedrängt werden. Deshalb bekommen Mädchen keine sexistischen rosa Kleider oder böse Plastikbarbies, auch wenn sie sich das noch so sehr wünschen. Vereine wie „Pinkstinks", also rosa stinkt, kämpfen mutig gegen Prinzessin Lilifee und anderes Mädchenspielzeug. Für Jungen sind Barbies hingegen kein Problem, sie sollen ohnehin mehr Gefühle zeigen und stricken. Die Kindergehirne müssen den von der politisch korrekten Elite verordneten Vorgaben und der Genderideologie entsprechend programmiert werden. Heidi List, Kolumnistin bei der linken Wiener Wochenzeitung Falter, über ihren kleinen Sohn: *„Eigentlich möchte er alles sein und alles haben. Nur Mädchen möchte er keines sein. Wir werden daran aber noch arbeiten."* Hey, das klingt nach mächtig viel Spaß und einer unbeschwerten Kindheit.

Und während die autochthonen Bobokinder solcherart zu besseren Menschen abgerichtet werden, lernen viele ihrer Altersgenossen in der Koranschule, dass

Frauen und Ungläubige nichts wert sind und der Islam über den westlichen Werten steht. Die Konflikte sind vorprogrammiert und das Rüstzeug dafür höchst unterschiedlich. Die Bobokinder werden für den Eskapismus ihrer Eltern noch teuer bezahlen.

Laut einer aktuellen Studie sympathisieren 80% aller Muslime in der britischen Hauptstadt London mit dem „Islamischen Staat". Im Rest Europas dürfte es nicht viel anders sein. Unter solchen Umständen gehört es natürlich zu den vordringlichen bildungspolitischen Aufgaben, bereits Kindergartenkinder und Grundschüler mit allen Arten von Sexualität zu konfrontieren und ihnen beizubringen, wie man mit Kondomen und Liebeskugeln hantiert. Das ist linksgrünen Eltern und Pädagogen tatsächlich ein wichtiges Anliegen, für das man sich massiv einsetzt. Die politisch korrekten Eltern werden sich schon sehr bald Fragen gefallen lassen müssen, die sie seinerzeit so gerne ihren eigenen Eltern oder Großeltern gestellt haben: „Warum habt ihr gegen diese Entwicklungen nichts getan?" Und sie werden das Selbe wie ihre Eltern antworten, sie hätten nichts gewusst, das konnte keiner voraussehen und außerdem hatte man mit der Rettung der Wale und des Klimas und dem Kampf gegen Nazis ohnehin alle Hände voll zu tun.

Außerdem bereitet man den autochthonen Nachwuchs ohnehin auf Konflikte und Auseinandersetzungen vor. In den ersten Kindergarten- und Schuljahren bringen fast ausschließlich weiblichen Pädagogen den Bobokindern bei, dass Gewalt niemals eine Lösung sein kann und Konflikte stets mit Verständnis, Einfühlungsvermögen und Dialog zu lösen sind. Der naive Traum, dass man nur zu allen Menschen lieb und nett sein muss, damit die Menschen auch alle lieb und nett zu einem sind, wird den Kindern als unumstößliche Wahrheit angedreht. Dieser Logik folgend ist auch der gewöhnliche IS-Kämpfer, der gerne Ungläubige köpft, hinrichtet, vergewaltigt oder versklavt auch nicht wirklich böse, er ist vielmehr selbst ein Opfer, weil „wir" - sprich Amerikaner, die Kapitalisten, AfD, Waffenlobby, etc. - ihn mit unserer Gier, unserem latenten Rassismus und Machtstreben, quasi dazu gezwungen haben. Auch das glauben diese Menschen wirklich. Schließlich war und ist der Islam seit jeher eine Religion des Friedens und diese unschönen Auswüchse nur eine Konsequenz des westlichen Neokolonialismus/Imperialismus und Rohstoffhungers. Auch das glauben sie wirklich.

Kurz, Eltern und Pädagogen geben sich allergrößte Mühe, ihre Kinder möglichst unvorbereitet den kommenden Herausforderungen einer islamisch geprägten „Multi"kultigesellschaft auszusetzen. Einer Gesellschaft, wo die meisten Werte, die man den Kindern gelehrt hat, nichts mehr wert sind und viele der angelernten Fähigkeiten nur noch wenig Nutzen haben. Denn neben einer möglichst guten Ausbildung werden die autochthonen Kinder künftig auch eine gewisse Robustheit benötigen, um sich durchsetzen zu können. Mit dem, was unseren Kindern in Geschichte, politischer Bildung und in diversen Konfliktregelungs-, Gewaltpräventions- und Anti-Aggressions-workshops so beigebracht wird, lässt man sie schlicht und einfach im Regen stehen. Diese Lehrinhalte und diese Maßnahmen dienen vor allem dazu, das Gewissen der Pädagogen und Eltern zu beruhigen. Den Vorteil, in einer weitgehend reichen, friedlichen und homogenen Gesellschaft leben zu dürfen, haben die Kinder, dank ihrer Vorgängergenerationen nicht mehr. Sie können sich die Naivität ihrer Erzeuger und Erzieher nicht mehr leisten. Verraten und verkauft von den eigenen Eltern.

Im Grunde wissen das auch die Boboeltern, sie sind aber zu feige und zu bequem, sich selbst und ihren Kindern die Wahrheit zuzumuten. Man ignoriert deshalb die immer realer werdenden Bedrohungen und füttert die Kinder stattdessen mit möglichst abstrakten und unsichtbaren Gefahren, wie Feinstaub, NSA, Rechtsradikalismus, Bankenlobbys oder CO_2. All diese selbst erfundenen oder groß aufgeblasenen Bedrohungen braucht man, um politische Handlungsfähigkeit und Engagement vortäuschen zu können und um die eigene Ohnmacht und Feigheit zu kaschieren, auch vor seinen Kindern

Statt sich auf die großen Herausforderungen und Konflikte vorzubereiten, versucht man eine idealisierte Scheinwelt mit allen Mittel aufrechtzuerhalten. Es ist eben kuscheliger, engagiert gegen CO2 als gegen Islamismus aufzutreten. Man kämpft nur solange für eine Sache, solange es ungefährlich ist und keine Anstrengungen erfordert. Deshalb stehen derzeit auch Presse-, Kunst- und Meinungsfreiheit nicht allzu hoch im Kurs. Schließlich gibt es eine wachsende und durchsetzungsstarke Gruppe, die damit eher wenig anfangen kann. Man verharmlost und ignoriert reale Gefahren und tut so, als ob wir diese Probleme, so sie überhaupt existieren, mit ein paar poltischen Maßnahmen und etwas mehr Transferleistungen lösen könnten.

Es ist eine Art politische Insolvenzverschleppung. Man tut so, als ob der Laden ohnehin noch laufen würde, als ob der Staat und seine Institutionen noch alles im Griff haben, obwohl man weiß, dass die Dinge längst aus dem Ruder gelaufen sind. Die politisch korrekte Elite mitsamt ihren Helfershelfern in Wissenschaft. Kultur und Medien simulieren den gewünschten Normalzustand nur noch mit allerlei Tricks, Kniffen und Täuschungsmanövern. Ein weiterer Selbstbetrug und ein weiterer Verrat an den Kindern.

Doch die sind widerstandsfähiger und schlauer als man denkt und sie entwickeln sich selten so, wie es die Eltern und die linken Ideologen in den Ministerien und Ämtern von ihnen erwarten. Trotz permanenter Gender- und Multikultipropaganda werden traditionelle Werte wie Familie, Heimat und

Geborgenheit für Jugendliche immer wichtiger, wie zahlreichen Studien und Befragungen, belegen. Mit der freakigen, verlogenen und verdrehten Welt ihrer linken Mainstreameltern können immer weniger Jugendliche etwas anfangen.

12.10.2014

Von Kopflosen und Geköpften

Ein jesidischer Schafbauer, den mordenden IS-Milizen nur knapp entronnen, berichtet einem westlichen Reporter seine schrecklichen Erlebnisse. Ein Mann musste sich niederknien und mit vorgehaltener Pistole wollte man ihn zum Islam bekehren. Er weigerte sich und wurde erschossen. Ein einfacher Mann verrät seinen Glauben und seine Überzeugung nicht, selbst im Angesicht des Todes, selbst als er in den Lauf einer Pistole blickt. Für die meisten der sozial umsorgten und umhegten Europäer ist das keine bewundernswerte, heldenhafte oder gar nachahmenswerte Haltung, sondern bloße Dummheit. Für seine Überzeugungen sterben? Bestenfalls in den feuchten Träumen als mutiger Widerstandskämpfer zu Hitlers Zeiten oder gemeinsam mit dem Helden eines Romans oder Kinofilms. Aber im echten Leben, lächerlich. Dazu braucht es viel weniger als eine tödliche Bedrohung.

Seine Standpunkte und Ansichten richtet man an der veröffentlichten Mehrheitsmeinung aus. Man muss sich mit seinem politischen Einstellungen einfach wohlfühlen. Ideologie und Haltung sind, so wie Ernährung oder Sport, schlicht ein Wellnessfaktor. Und wenn man seine politischen Überzeugungen mit der weltanschaulichen Line der anspruchsvollen Leitmedien in Gleichklang gebracht hat und sich täglich seine Selbstbestätigung von Standard, Profil oder Armin Wolf abholen darf, steht einem erfüllten

Leben nichts mehr im Wege. Das müssen viele Jesiden offenbar noch lernen, diese politisch korrekte Geschmeidigkeit. Lieber ein biegsames Rückgrat als eine Kugel im Kopf. Genau deshalb trägt man die gerade aktuelle und erwünschte politische Haltung und Weltsicht fruchtbar stolz wie eine Monstranz vor sich her. In der europäischen Spaßgesellschaft lebt man schließlich im Hier und Jetzt. Und wer nicht in der politisch korrekten Meinungsparade mitmarschiert, wird geächtet und verachtet.

Dabei geht es nicht um die Richtung, die die Parade einschlägt, sondern ums Marschieren. Überzeugungen und Denkrichtungen sind in Europa seit kurzem nicht mehr „nachhaltig", sondern flüchtig. Was man gestern noch vehement und lautstark gefordert oder verteidigt hat, wird, wenn erforderlich, am nächsten Tag wort- und emotionslos entsorgt. Bisher war das nur selten notwendig, weil die politische, gesellschaftliche und wirtschaftliche Lage in Westeuropa über Jahrzehnte stabil war. Seinen geliebten Antiamerikanismus, den gepflegten Antikapitalismus und den stolz zur Schau gestellten Pazifismus konnte man völlig gefahrlos vertreten und ausleben.

Man kämpfte couragiert für Umweltschutz, Abrüstung, gegen Faschismus und kritisierte das reaktionäre Schweinesystem, weil es keinerlei Mut erforderte und der Staat immer gut auf seine protestierenden und revoltierenden Schäfchen aufgepasst hat. Wölfe waren in Westeuropa längst ausgerottet. Im deutschen oder österreichischen Rechtsstaat fühlte man sich, obwohl man ihn verachtet und bekämpft hat, geborgen. Auch pubertierende Kinder revoltieren gerne gegen ihre Eltern, allerdings stets in der Gewissheit, dass Mami und Papi immer zu ihren Sprösslingen halten werden.

Mit dem Scheitern der Multikultiideologie, dem Siegeszug des IS und der schnellen Verbreitung des Islams im Westen hat sich diese angenehme und stabile Grundkonstellation geändert. Aus dem jahrelangen Spiel ist ernst geworden. Plötzlich gibt es konkrete Gefahren und Bedrohungen, plötzlich sind die Feinde nicht mehr selbst erfunden und erdacht. In der politischen Sandkiste wird auf einmal scharf geschossen. Nun erkennen langsam auch jene Medien, die seit vielen Jahren all jene, die den Islam, die europäische Einwanderungspolitik oder die Multitkulti-Ideologie kritisiert haben, als Nazis und Geistesgestörte abgetan haben: „Die Welt des Islamismus hat Deutschland längst erreicht". Das hat der „Spiegel" in seinem aktuellen Leitartikel festgestellt.

Das war auch schon vor fünf Jahren so, allerdings noch nicht ganz so offensichtlich und nur für jene erkennbar, die hingeschaut haben. Die politisch korrekten Medien, die Politiker und die Bedenkenträger wollten aber nicht, jetzt müssen sie. Wegschauen fällt angesichts der Krawalle in Hamburg oder Celle, angesichts der vielen europäischen Gotteskrieger und den sich in allen größeren Städten formierenden Salafisten und Islamisten immer schwerer. Wohin man auch blickt, die Kacke ist am Dampfen. Da kratzt selbst Bundespräsident Heinz Fischer all seinen Mut zusammen und fiept in Richtung Jihadisten: „Die Toleranz stößt an Grenzen." Beim Köpfen ist sogar Fischer nicht mehr ganz so tolerant. Die linke Arbeiterkammer lädt gemeinsam mit dem noch linkeren Falter den Islamkritiker Hamed Abdel-Samad zu den Wiener Stadtgesprächen ein. Es tut sich was, die Tonlage ändert sich.

Die politisch korrekten Politiker und Journalisten sind flexibel. Allerdings verbiegt man sich immer nur soweit, soweit es die aktuelle Lage gerade erfordert. Aktuell lautet die Parole: „Das hat nix mit dem Islam zu tun." Man tut so, als wären Islam und Islamismus zwei völlig verschiedene paar Schuhe. Das ist zwar vollkommen absurd, aber das kennt man ja. Auch Kommunismus/Sozialismus sind eine tolle Sache und haben überhaupt nichts mit den Verbrechen und Massenmorden in der Sowjetunion, China, Kambodscha, etc. zu tun. Mit dem politisch korrekten Tunnelblick konzentriert man sich nur auf die „fehlgeleiteten" und vom wahren Islam abgekommenen Extremisten.

Man will gar nicht wissen, wir viele heimliche Anhänger der IS in Europa mittlerweile hat, wie groß die Sympathien für ihn sind, was in den vielen Moscheen an Freitagen alles verkündet wird. Man will gar nicht wissen, wie viele europäische

Jugendliche das Abschlachten von Ungläubigen geil finden, wie groß ihre Verachtung für die dekadenten und verweichlichten Europäer tatsächlich ist. Man duckt sich vor der Realität, solange es eben geht. Nein, das Problem sind nicht die wenigen hundert europäischen IS-Kämpfer, sie sind nur die Spitze des Eisbergs. Salafismus/Islamismus sind eine neue Jugendbewegung in Europa, die gerade beginnt das zu zertrümmern, was die 68er und ihre Epigonen seit ihrem Durchmarsch durch die Institutionen aufgebaut haben. Jetzt wird mit härteren Bandagen gekämpft. Viele, die durch gute Jobs, teure Wohngegenden und selektiv berichtende Medien noch immer weitgehend von der Realität abgeschirmt leben, haben das noch nicht begriffen.

Trotzdem macht sich nun auch in diesen Oasen leichte Unsicherheit breit. Denn auch das, was der durchschnittliche Gutmensch derzeit zu akzeptieren bereit ist, ist schon schlimm genug.

Deshalb wollen die pazifistischen Grünen jetzt auch die Bundeswehr in die Schlacht gegen den IS werfen. Es ist skurril, war aber vorhersehbar. Jene Partei, die gerne gegen deutsche Soldaten hetzt und die erst vor kurzem ein geplantes Gelöbnis der Bundeswehr in der Öffentlichkeit verbieten lassen wollte, schreit nun als erste und als lauteste nach einem Einsatz in Syrien. Zugegeben, neu ist diese elende Geisteshaltung nicht. Einer der größte Feldherren seiner Zeit, Prinz Eugen von Savoyen, hat es einst so beschrieben: „Sie schreien nach uns um Hilfe, wenn ihnen das Wasser in das Maul rinnt, und wünschen uns vom Hals, kaum als einen Augenblick das selbige verschwunden."

Die Grünen sind nur solange pazifistisch, solange die Konflikte fern und sie nicht selbst betroffen sind. Aber wehe die Einschläge kommen näher und die eigenen Ängste lassen sich nicht mehr mit friedensbewegtem Allerweltsgeschwurbel vertreiben und die kleine spießige Parkettboden-Altbauidylle ist in Gefahr, dann entsorgt man von einem Tag auf den anderen seinen bisher so stolz zur Schau getragenen Pazifismus. Wenn aus dem Spiel ernst wird, muss es eben Papi oder Mami wieder einmal richten. Deshalb hört man zurzeit relativ wenig von der sonst stets lauten und allseits beliebten Kritik am selbsternannten Weltpolizisten USA. Im Gegenteil. Den Europäern geht das Engagement der Amerikaner nicht weit genug. Doch mit Obama sitzt der bisher „europäischste" US-Präsident im Weißen Haus. Für die Expansion des IS eine ideale Ausgangslage.

Die Einschläge sind schon ganz nahe gekommen. Das Schlachten findet direkt an der Grenze des EU-Beitrittskandidaten und Nato-Mitglieds Türkei statt. Und auch in Europa geraten immer öfter Kurden und Salafisten aneinander. Es ist nur noch eine Frage der Zeit, bis es auch mitten in Europa kracht. Die Kampfzone wird von den Rändern ins Zentrum Europas ausgeweitet. Auch die „Spiegel"-Journalisten wissen das und sprechen sich selbst und ihren Lesern Mut zu: „Die Bundesrepublik kann sich wehren, so leise wie möglich und mit allen Mitteln, die ihr zur

Verfügung stehen." Oho, plötzlich steht die Arbeit der Geheimdienste wieder hoch im Kurs. Die Schlapphüte plötzlich in einer neuen glanzvollen Rolle, als Hüter von Freiheit und innerer Sicherheit. Das war bis vor kurzem noch ganz anders, als Edward Snowden eine regelrechte Hysterie bei den politisch korrekten Politkern und Medien ausgelöst hat. Jetzt dürfen und sollen die Geheimdienste wieder das machen, wozu sie da sind. Auch ein anderer Satz im aktuellen Leitartikel des „Spiegel" ist bemerkenswert: „Sie (die Islamisten) lästern über das Land, das sie ernährt."

Lästern ist zwar eine kleine Untertreibung, aber gut. Ist jetzt auch der „Spiegel" ein Schande für Deutschland? Denn das klingt nämlich (Huch!) schon sehr nach AfD, nach bösem Rechtspopulismus. Einen ähnlichen U-Turn hat auch der ORF unlängst hingelegt. Als politisch korrektes Leitmedium hat er jahrelang jeden mit der Nazikeule verprügelt, der es wagte, Ausländer und Zuwanderung mit den Arbeitslosenzahlen irgendwie in Verbindung zu bringen. Da wurde laut aufgeheult, von dummen Milchmädchenrechnungen gefaselt und „Experten" aufgeboten, die das widerlegen sollten.

Vor wenigen Tagen ist nun in einem ORF-Beitrag wie ganz selbstverständlich mehrmals erwähnt worden, dass der Zuzug von Ausländern für die extrem hohe Arbeitslosigkeit mitverantwortlich ist. Für all jene, die für solche Aussagen bisher fertig gemacht worden sind, der blanke Hohn.

Angesichts der selbst verschuldeten Krisen und Entwicklungen wechselt die politisch korrekte Elite ihre Standpunkte und Meinungen wie ihre Unterwäsche. Das sollten auch all jene Gruppen bedenken, die jetzt aus strategischen Gründen gerade von ihnen verhätschelt werden. Kein Transsexueller, kein Schwuler und auch nicht die Frauen sollten auch nur eine Sekunde lang glauben, dass diejenigen, die gerade noch lautstark für mehr Rechte für sie eingetreten sind, das auch noch tun werden, wenn sich die Machtverhältnisse verschieben. Den Mut und die Überzeugung vieler Jesiden haben die wenigsten Europäer.

20.10.2014

Nuhr keinen Ärger mit dem Islam

Es war nur eine Frage der Zeit. Ein Moslem aus Osnabrück, angeblich Salafist, hat den deutschen Kabarettisten Dieter Nuhr angezeigt. Wegen „blöder, dummer Hetze" gegen den Islam. Das Delikt: Beschimpfung von Bekenntnissen und Religionsgesellschaften. Strafrahmen bis zu drei Jahre Haft. Es verwundert nur, dass das nicht schon viel früher passiert ist. Aber Salafisten dürften eher selten deutsche Kabarettbühnen besuchen und Satire-Sendungen im öffentlich-rechtlichen Fernsehen ansehen, wo Dieter Nuhr für gewöhnlich auftritt. Im Grunde genommen sollten sie das aber, denn normalerweise sind sie dort entweder gar kein Thema oder sie werden als Opfer des gemeinen deutschen Rassisten oder des amerikanischen Imperialismus hofiert. In der Regel sind deutsche Kabarettisten äußerst Islam- und Islamismus freundlich. Bis auf ganz wenige Ausnahmen. Dazu gehört neben Dieter Nuhr eigentlich nur noch Andreas Rebers.

Die deutschsprachige Kabarett- und Comedy-Landschaft ist eine gut bevölkerte Einöde. In ihr tummeln sich zwei Kategorien von Spaßmachern. Die linken (tendenziell unlustigen) Kabarettisten, die Abend für Abend ihr politisch korrektes Glaubensbekenntnis ablegen, ihre linken Botschaften von der Kleinkunstkanzel herab predigen und sich über die Rückständig- und Engstirnigkeit und die

Phobien des gemeinen deutschen Bürgers beklagen. Auch die zweite Kategorie der Bühnenhumoristen schwimmt im politisch korrekten Mainstream, ihre Witze sind aber so flach, dass es nicht sofort auffällt. Sie beklagen nicht wie ihre „intellektuelleren" Kollegen Muttis pseudokonservative Politik und das Ausbleiben der linken Weltrevolution, sondern das schlechte Fernsehprogramm oder die Dummheit irgendwelcher C-Promis.

Aber im Grunde genommen unterscheiden sich Kabarettisten und Comedians nur oberflächlich voneinander. Die einen bedienen mit intellektuellem und kritischem Gestus das politisch korrekte Neospießertum, die anderen mit billigen Kalauern die hedonistische Unterschicht. Im Grunde ist es aber dieselbe Sauce. Man reichert den politisch korrekten Einheitsbrei, mit dem der Bürger tagtäglich gefüttert wird, mit ein paar Witzen und Pointen an, fertig ist die kabarettistische Schonkost. Was beide Gruppen zudem vereint, ist ihre Rückgratlosigkeit. Denn das Schweigen der Kollegen zur Anzeige gegen Dieter Nuhr ist schon sehr laut. Da kämpfen die Kabarettisten seit Jahrzehnten mutig gegen den längst verwesten Adolf Hitler, mit dem quicklebendigen Islamismus legt man sich lieber nicht an. Was für Helden. Dass er ziemlich alleine dasteht, weiß Nuhr. „Die ziehen den Schwanz ein", so der Kabarettist über seine Berufskollegen.

Harald Schmidt und Eckart von Hirschhausen sind wenigsten ehrlich genug, um offen zuzugeben, dass sie den Islam deshalb nicht kritisieren, weil sie Angst haben. Ihre Kollegen haben nicht einmal den Mut, das zuzugeben. Stattdessen windet und verrenkt man sich, erfindet seltsame Begründungen und Ausreden, obwohl ohnehin alle Beteiligten die wahren Gründe kennen. Aber sie leben seit vielen Jahren gut von ihrer revolutionären, aufklärerischen und kritischen Pose (für eine Haltung bräuchte man mehr Rückgrat), von ihrer Besserwisser- und Klugscheißerei.

Und weil ihr Publikum zumeist ebenso verfasst ist, funktioniert dieses kabarettistische Geschäftsmodell auch ganz gut. Für Demokratie, Presse- und Meinungsfreiheit kämpft man nur solange, solange es nicht weh tut und ungefährlich ist. Deshalb geht man jetzt in Deckung, wartet ab, was mit Nuhr passiert, wer sich mit ihm solidarisiert, wer ihm in den Rücken fällt und ob er alles unbeschadet überstehen wird. Dabei ist die Anzeige selbst gar nicht das Problem, in einem Rechtsstaat darf man das und es wird wahrscheinlich nicht einmal zu einer Anklage oder gar Verurteilung kommen.

Wenn die Luft rein ist, kann man aus seinem Loch hervor kriechen und Stellung beziehen. Wenn nicht, tritt man – nach dem Motto: Selber schuld, kein Mitleid – auf Nuhr als islamophoben Hetzer ein, das hat sich ja auch schon bei anderen Promis ganz gut bewährt. Da macht es auch nichts, dass Nuhr bis gerade eben noch als einer der intelligentesten Satiriker Deutschlands gefeiert und erst kürzlich mit dem renommierten Jacob-Grimme-Preis ausgezeichnet worden ist. Aber so etwas kann sich schnell ändern. Schon jetzt schreiben viele Journalisten nur noch über die „Islamwitze" von Nuhr, von Satire, Kritik, Aufklärung oder gar feiner Klinge liest man nur noch wenig.

Die meisten Medien reagieren vorsichtig abwartend. Die Osnabrücker Zeitung, die als erstes über die Anzeige berichtet hat, lässt anfänglich nur Erhat Toka, der Nuhr angezeigt hat, zu Wort kommen. Er wird darin als toleranter und humorvoller Mensch dargestellt, der „keine Spaßbremse sein will". Aber beim Islam hört sich der Spaß dann bekanntlich doch auf. Auch einschlägige Religionswissenschaftler dürfen Nuhr kritisieren. Nuhr selbst kommt nicht zu Wort. In einem weiteren Artikel legt das biedere Provinzblatt nach: „Dieter Nuhr zieht inzwischen nicht nur Kritik von Muslimen und Religionswissenschaftlern auf sich. Auch Migrationsforscher (…)" Anhand dieser Artikel ist gut ersichtlich, wie sehr sich das Klima in Deutschland gewandelt hat, wie sich die Machtverhältnisse Stück für Stück verschieben, wie schnell und sorglos demokratische Grundwerte wie Meinungsfreiheit in Frage gestellt werden. Man ist lieber vorsichtig, man will sich nicht mit den falschen anlegen. Und das Internet vergisst nicht. Wenn in zehn oder 15 Jahren… Wer weiß, lieber nichts riskieren. Daran ist gut abzulesen, wie viel Macht, Autorität und Vertrauen der Staat und seine Institutionen bereits verloren haben.

Auch andere Medien haben anfangs ähnlich regiert. Man hat entweder ganz vorsichtig und neutral berichtet oder versucht, wie in solchen Fällen üblich, das Ganze zu verharmlosen. Der „Focus" beginnt seinen Artikel mit: „Über Humor lässt sich bekanntlich streiten", der „Stern" fragt: „Was darf Satire?" Aber es geht natürlich nicht um die Grenzen von Satire und Humor, es geht ausschließlich um den Islam und die Islamkritik. Das wissen auch diese Medien, denn die Kirche wird seit Jahrzehnten Abend für Abend in TV und auf Kabarettbühnen verarscht und kritisiert. Alles kein Problem. Auf die Befindlichkeiten von Christen braucht man keine Rücksichten zu nehmen.

Die Grenzen des Humors werden von der Macht, dem Willen und der Durchsetzungsfähigkeit jener Gruppen festgelegt, die Ziel der jeweiligen humoristischen Spitzen sind. Daran lassen sich die Macht- und Kräfteverhältnisse im jeweiligen Land recht gut ablesen. Deshalb heben die Mainstream-Medien die unangenehme Islam-Debatte rund um Dieter Nuhr auf die unverfänglicher Ebene, was Satire darf und was nicht. Da fühlt man sich wieder halbwegs sicher. Genau daran erkennt man auch, wie wichtig Islamkritik ist.

Einige Medien sind in den vergangenen Tagen etwas mutiger geworden und sprechen das Thema nun direkter an. Grund dafür dürften die zahlreichen Reaktionen in den Foren und sozialen Netzwerken gewesen sein. Sie zeigen, dass die „einfachen" Leute oftmals mehr Mut haben, als die eitlen und selbsternannten Kämpfer für Demokratie in Medien, Kultur und Politik.

29. 10.2014

Conchita Wurst: Die Grenzen eines Hypes

Wochenlang hat der ORF das mediale Großereignis angekündigt. Chonchita Wurst wird seine neue Single „Heroes" bei „Wetten, dass…?" der gespannten Öffentlichkeit präsentieren. Dieses historische Ereignis, diese „Weltpremiere" darf man nicht versäumen, so der Subtext des Trailers. Dass Wurst seinen neuen Song in einer Sendung vorstellen muss, die wegen akuten Zuseherschwundes mit der nächsten Folge für immer am Showfriedhof begraben wird, störte den ORF bei seiner Kampagne nicht. Immerhin verfolgten am vergangenen Samstag rund 800.000 Österreicher „Wetten Dass…?". Das waren zumindest mehr, als in der Ausgabe davor. Allerdings dürfte das wenig mit Wurst und viel mit Österreichs Volks Rock'n'Roller Andreas Gabalier zu tun gehabt haben. Der Steirer singt zwar die Bundeshymne in der ungegenderten Version und die linke Mainstreampresse versucht ihm seit längerem „rechtes" Gedankengut anzudichten, aber er hat, was Wurst offensichtlich nicht hat, eine riesige Fangemeinde. Und das ist für einen Superstar, als der Wurst von ORF und Mainstreammedien gerne verkauft wird, nicht ganz unerheblich. Im Popgeschäft und in der Unterhaltungsbranche definiert man einen Star gemeinhin über seinen Erfolg. Wer Stadien und Konzerthallen füllt, wer mit seinen Hits Dauergast in den Charts ist und von den

Radiosendern auf und ab gespielt wird, das ist für gewöhnlich ein Star.

Und da schaut's bei Wurst eher düster aus. Er hätte vergangenen Donnerstag in der Marx-Halle in Wien gemeinsam mit Nena auftreten sollen. Das Konzert wurde kurz vorher aus „logistischen Gründen" abgesagt. Was nichts anderes heißt, als dass man so gut wie keine Tickets verkauft und deshalb die Notbremse gezogen hat. Ein neuer Weltstar, den niemand sehen möchte, selbst wenn er im günstigen Kombipack mit einem echten deutschen Ex-Star auftritt. Wurst kann zwar Ulrike Lunacek, Gery Keszler, Alexander Wrabetz, André Heller oder Ban Ki Moon für sich begeistern, aber beim gemeinen Volk ist seine Fangemeinde überschaubar. Das zeigen auch die Airplaycharts. Da war „Rise Like a Phoenix" nie eine große Nummer. Denn Popsender sind in dieser Frage unbestechlich, sie spielen nur, was ihren Hörern wirklich gefällt. In regelmäßigen Abständen werden die aktuellen Popsongs in Telefonumfragen getestet. „Rise Like A Phoenix" war offenbar nicht vorne mit dabei.

Was soll's? Herr Neuwirth bzw. seine (mittlerweile schon etwas langweilig gewordene) Kunstfigur sind ja nicht unsympathisch, wozu also noch darüber schreiben. Doch es geht hier um mehr als nur um ein schrilles Popsternchen mit Bart und um den Verkauf von Konzerttickets und Tonträgern (was ohnehin nicht funktioniert). Der Wurst-Hype ist ein Lehrstück, wie Politik und politisch korrekte Mainstreammedien die Realität in ihrem Sinne verbiegen und verzerren, ja sogar versuchen, sie selbst zu kreieren. Wir basteln uns einen politisch korrekten Toleranzsuperstar. Es zeigt, wie wenig ernst man die Bürger und ihre Einstellungen und Meinungen nimmt. Sie sind nur dazu da, um erzogen, manipuliert und dressiert zu werden. Der Wurst-Hype zeigt aber auch die Grenzen dieser politisch korrekten Propaganda und Manipulationsversuche auf. Weil die „geschlechtslose" Wurst so perfekt die Gendermainstreamideologie verkörpert und transportiert, versucht man aus ihr einen Star zu machen, was aber – und das zeigt sich auch hier einmal mehr – selten gelingt. Stars werden nämlich ausschließlich vom Publikum gemacht.

Conchita Wurst ist ein Instrument, um das „dumme und intolerante" Volk zu besseren Menschen umzuerziehen, ein uralter Traum aller Sozialisten, und um die Vision des gegenderten Menschen möglichst rasch umzusetzen. Nein, es steht kein finsterer und gut durchdachter Plan dahinter. Das Phänomen Wurst ist im politisch korrekten Biotop mit seinen Bewohnern aus Medien, Politik, Journalismus und Kunst entstanden und gewachsen. Man hat das Potential der bärtigen Drag-Queen erkannt und versucht es nun, für seine Zwecke zu nutzen. Conchita Wurst als politisch korrektes Topmodel. Nicht umsonst wird Wurst vom Bundespräsident, über das EU-Parlament bis hin zum UN-Generalsekretär herumgereicht.

Doch es zeigt sich nun auch, wie wenig Substanz diese von der politisch korrekten Elite gehypte Figur hat, wie resistent die Menschen gegen zu plumpe Dressurversuche von oben sind, wie schnell sich simple und vorgeschobene Botschaften abnutzen. Die ohnehin bis zur Selbstaufgabe toleranten Europäer brauchen und wollen keine oberlehrerhaften Belehrungen in Sachen „Toleranz" mehr, auch wenn sie noch so originell verpackt werden. Auch mit Conchita Wurst als Gallionsfigur werden die verqueren neosozialistischen Gesellschaftsvisionen für die Menschen nicht schlüssiger und akzeptabler. Die meisten Österreicher finden Andreas Gabalier mit seiner Lederhose und seinen Liedern von Madln und Heimat, trotz medialer und politischer Querschüsse, cooler und authentischer als Conchita Wurst. Darüber freuen sich sogar die Gutmenschen ein bisschen, sehen sie dadurch zumindest ihre Vorurteile von den dummen und provinziellen Österreichern bestätigt.

10.11.2014

Der ORF und die rassistischen Amerikaner

Der ORF und alle anderen politisch korrekten Medien sind glücklich. Endlich wieder eine gute Geschichte, die in ihre Denkschablonen passt und die man groß verkaufen kann. Das tut gut, das baut auf, vor allem, weil die Islamisten ständig am ohnehin schon sehr wackeligen rousseauschen Weltbild rütteln. Jetzt sind die Rollen von Gut und Böse endlich wieder so besetzt, dass sie in die simplen politisch korrekten Denkmuster passen. Böser weißer US-Polizist erschießt armen unschuldigen Schwarzen. Ein neuer Beweis für den latenten Rassismus der Weißen in den USA, die aktuellen Plünderungen und Unruhen, die der Vorfall in Ferguson ausgelöst hat, sind ein verzweifelter Aufschrei der unterdrückten Afro-Amerikaner.

Im ORF wird selbst den kopfabschneidenden IS-Mördern mehr Sympathie entgegen gebracht, als Darren Wilson, dem rassistischen weißen Kleinstadtpolizisten. Und das ist nicht einmal überspitzt formuliert, denn nach dem gängigen politisch korrekten Storytelling, sind die IS-Kämpfer, vor allem diejenigen aus Europa, von der bösen weißen Gesellschaft diskriminiert, marginalisiert und damit zu dem gemacht worden, was sie jetzt sind, Opfer. Das Töten von ungläubigen Kindern und Frauen ist, so wie die Unruhen in den USA, nur ein verzweifelter Aufschrei von unterdrückten Menschen.

Ein echter Gutmensch kann selbst die brutalsten Gräueltaten erklären, verstehen und relativieren, während ein weißer Polizist, gegen den die Vorwürfe in einem demokratischen Rechtsstaat nicht einmal zu einer Anklage gereicht haben, sehr schnell zum medialen Hassobjekt und zum Symbol für weißen Rassismus werden kann.

Das erklärt auch, warum die Ferguson-Geschichte im ORF um so viel höhere Wellen schlägt, als etwa das massenhafte Abschlachten von Christen im Nordirak. Da macht es auch nichts, dass die Geschichte vom kleinen schwarzen Jungen, der auf dem Weg zu seiner Großmutter von einem brutalen weißen Polizisten aus purem Rassismus hingerichtet wird, mehr den Vorurteilen und Projektionen der politisch korrekten Medienleute, als der Realität entspricht. Aber, was nicht ins eigene Weltbild passt, wird passend gemacht. Dass der bullige schwarze Jugendliche kurz vor den tödlichen Schüssen einen schmächtigen Ladenbesitzer attackiert haben soll, lässt man gerne unerwähnt, das würde das stimmige Gesamtbild stören. Dass der Polizist in Notwehr gehandelt haben könnte, wird ohnehin ausgeschlossen. Da können die Gerichte entscheiden wie sie wollen. Wenn die Jury zu dem Schluss kommt, die Beweislage für eine Anklage sei zu dünn, dann tut sie das laut ORF nicht deshalb, weil die Beweislage zu dünn ist, sondern aus rassistischen Motiven.

Überall Rassisten unter den Weißen, den Juden und den Asiaten (aus den entwickelten Ländern), Rassismus geht immer nur von diesen Gruppen aus. Hat der ORF jemals über den zunehmenden Rassismus gegen die autochthone Bevölkerung in Europa berichtet? Und hier sprechen wir nicht von möglicher Notwehrüberschreitung bei einer Amtshandlung. Als etwa eine Bande türkischstämmiger Jugendlicher Daniel S. vergangenes Jahr in Wehye in Deutschland „grundlos", also aus rassistischen Motiven, einfach zu Tode getreten hat, hat man davon im ORF recht wenig, eigentlich gar nichts gehört. Auch nicht, als vor wenigen Tagen ein junger israelischer Tourist in Berlin auf offener Straße von vier Männern attackiert und verletzt worden ist. Mutige Passanten haben eingegriffen und ihm so das Leben gerettet. Die deutschen Medien haben über diesen Fall äußerst spärlich und ohne nähere Angaben zu den Tätern berichtet. Im ORF hat man davon gar nichts gehört. Damit war klar, dass es sich bei den Tätern um keine autochthonen Deutschen gehandelt haben kann, ansonsten wäre ein medialer Sturm losgebrochen. Pech für die deutsche Journaille, das Opfer hat in einem Interview mit einer israelischen Zeitung angegeben, dass die vier Männer mit arabischem Akzent gesprochen haben und ihn wegen seiner Herkunft attackiert hätten. Der 22jährige wurde direkt nach dem Verlassen des jüdischen Gemeindehauses in Charlottenburg angegriffen. Ein Jude wird, weil er

Jude ist, in Berlin brutal attackiert, ein klassisches Hassverbrechen, ein eindeutiger Fall von Rassismus und das auch noch bei uns, mitten in Europa und nicht irgendwo in der US-Provinz.

Aber, wenn das Täter-Opfer-Schema nicht ins vorgestanzte Multikulti-Weltbild passt, dann ist der Mainstreampresse auch ein verprügelter Jude in Berlin oder ein totgetretener Deutscher in einer deutschen Kleinstadt völlig wurscht. Multikulturelle Kollateralschäden. Man ignoriert selbst die abscheulichsten Verbrechen und zelebriert stattdessen jedes Ereignis, das man mit ein paar Halbwahrheiten, etwas Phantasie und ein paar journalistischen Kniffen noch so hinbiegen kann, dass man es als Lehrstück und Anschauungsbeispiel für die politisch korrekte Volkspädagogik einsetzen kann.

28.11.2014

Afrika für Campino

Egal ob Hungersnöte, Kriege, Genozid oder Epidemien, nichts kann Menschen davon abhalten, selbst aus den verheerendsten Katastrophen und größten Tragödien noch Profit für sich herauszuschlagen. Damit sind aber nicht nur Menschen- und Waffenhändler oder Potentaten und Kriegstreiber gemeint. Wann immer es Leid, Not und Elend auf der Welt gibt, sind wie die Aasgeier auch die notorischen Mahner, die Berufshelfer, die stets Gutmeinenden und die moralischen Erpresser zur Stelle, um Gerechtigkeit, Solidarität und vor allem Geld einzufordern. Darunter gibt es natürlich etliche, vor allem jene, die sich nicht penetrant ins Rampenlicht drängen, die aus echter Überzeugung heraus handeln. Viele andere meinen es zwar gut, aber vor allem mit sich selbst. Sie leben oder profitieren vom Leid anderer, nutzen es zu ihrem eigenen Vorteil und das unter dem Deckmantel von Menschlich- und Selbstlosigkeit. Solche Menschen trifft man zum einen in der wild wuchernden Asyl- und Sozialindustrie, zum anderen in der Medien-, Show- und Unterhaltungsbranche. Hier benötigt man kranke, verfolgte oder hungernde Menschen für eine gute PR-Strategie, für das eigene Image und die Karriere und damit als indirekte Geldquelle. Das klingt nicht nur widerlich und zynisch, das ist es auch.

Ein Paradebeispiel für diesen Typus und quasi der Erfinder dieses Geschäftsmodells ist Bob Geldof. Der Ire fällt Anfang der 1980er Jahre in ein Karriereloch und hat schließlich eine geniale Idee: „Band Aid". Internationale Popstars singen gemeinsam das schmalzige Weihnachtslied „Do They Know It's Christmas?" für einen guten Zweck. Der Song wird ein Hit, die Aktion macht Bob Geldof endlich berühmt, für die Hungernden in Afrika fällt etwas Geld ab und Nachahmerprojekte schießen wie Pilze aus dem Boden, von „USA for Africa" über „Austria für Afrika" bis zum „One World Project".

Jeder, der eine Gitarre halten kann, kämpft plötzlich für die Unterdrückten und Hungernden auf dieser Welt. Geldofs Geschäftsmodell macht Schule und hat sich vor allem bei alternden Stars, bei Künstlern, deren Karriere nicht mehr so richtig läuft oder bei Musikern, die ein neues Album oder eine Tour promoten müssen, als preisgünstiges PR-Tool bewährt. Gemeinsam mit Kollegen, die ebenfalls einen kleinen Karrierekick brauchen, kann man mithilfe von Charitykonzerten, Charitysongs, rührseligen Interviews und Presseterminen, trotz sinkender Popularität und steigender Bedeutungslosigkeit, noch ein mehr oder weniger großes Publikum erreichen. Ein karitativer Karriereturbo und allemal besser, sich als guter, hilfsbereiter und edler Mensch zu präsentieren, als Maden oder Känguruhoden in irgendeiner Ekelshow für C-Promis verspeisen zu müssen.

Das eine ist nur kulinarisch, das andere moralisch zweifelhaft. Egal, es erhöht die Bekanntheit, bringt Sympathiepunkte und diejenigen, um die es eigentlich gehen sollte, spielen dabei nur eine Statistenrolle. Sie dürfen sich dankbar mit den Stars ablichten lassen. Sie sind lediglich Mittel zum Zweck. Wahre Meister dieser unwürdigen PR-Strategie sind Bono von U2 und Campino von den Toten Hosen. Die penetranten Rockopas, die immer mehr Accessoires und Verkleidungen benötigen, um noch irgendwie als cool durchzugehen, setzen sich immer dann mit erhobenem Zeigefinger und besorgter Miene in Szene, wann und wo immer Menschen in Not geraten. Erst vor kurzem haben Campino und Claudia Roth, die deutschen Meister der moralischen Erpressung, eine Reform der „menschenunwürdigen" europäischen Flüchtlingspolitik gefordert.

Die sei für Herrn Campino nämlich unerträglich. Der traut sich was, so kann auch ein angepasster politisch korrekter Streber sein Image als unbequemer Revoluzzer pflegen und das, ohne sich anstrengen und ohne etwas von seinen Millionen abgeben zu müssen. Ein paar hohle Phrasen aus dem breiten Repertoire der Gutmenschen reichen da völlig aus. Zumindest bisher. Denn mittlerweile gehen die alternden Popstars mit ihrem oberlehrerhaften und moralinsauren Getue immer mehr Menschen einfach nur noch auf den Geist. Das Geschäft mit der moralischen Erpressung läuft nicht mehr so rund wie bisher. Vor allem, wenn das altruistische Getue schwerreicher Entertainer ihre wahren Absichten kaum noch verbergen kann. Bob Geldof hat sich jetzt mit seiner Neuauflage von „Band Aid" eine blutige Nase geholt. Als Vorwand für das Wir-retten-die-Welt-Spektakel kam dem Charityking Ebola gerade recht. Doch die meisten echten Stars, wie etwa Adele, haben Geldof einen Korb gegeben und prominente afrikanische Künstler haben das Projekt als kontraproduktiv und scheinheilig bezeichnet.

Weshalb nun auch die biederen politisch korrekten Mainstream-Medien in Deutschland über „Band Aid 30", Geldof und Campino, der für die deutsche Version des Charitysongs verantwortlich ist, lästern dürfen. Doch die Häme und die Kritik greifen zu kurz, Geldof und Campino sind mit ihrem Band-Aid-Projekt ja nur der schrillste poppige Auswuchs des westlichen Gutmenschentums, das Menschlichkeit und Solidarität immer nur heuchelt und für eigene Ziele und den eigenen Vorteil missbraucht und instrumentalisiert. Sobald jemand Solidarität und Gerechtigkeit einfordert, egal ob ältlicher Unterhaltungssänger, NGO-Keiler oder linker Politiker, ist höchste Vorsicht geboten.

Sie wollen immer nur unser Geld, unsere Leistung, Aufmerksamkeit, Freiheit oder unsere Rechte. Aber es ist zumindest ein Anfang, wenn Menschen wie Campino die diese Schmierenkomödie bisher so meisterhaft beherrscht haben, plötzlich nicht mehr ernst genommen und kritisiert werden. Jetzt muss man nur noch ein, zwei Schritte weiterdenken.

2.12.2014

Nur ein Albtraum..

Ein ohrenbetäubendes Geschrei hebt an, als Abu M., in Kampfmontur auf der Ladefläche eines Mitsubishi Pickups stehend, durch das Äußere Burgtor auf den Heldplatz fährt. Mehr als eine halbe Million Menschen sind gekommen, um den Machthaber zu begrüßen. Der ganze Heldplatz, ein Meer aus IS-Fahnen, die bis vor wenigen Tagen noch verboten waren. Männer, Frauen und Kinder jubeln Abu M., dem Emir des Islamischen Staates in Europa zu, als er vor der Nationalbibliothek auf das Podium steigt, das mit den Köpfen prominenter Österreicher dekoriert ist. Neben den abgeschnittenen Köpfen von Bundeskanzler Faymann, FPÖ-Chef Strache und Kardinal Schönborn ist auch der von Bundespräsident Fischer aufgespießt. Es hat dem Bundespräsidenten nichts mehr genutzt, dass er zwei Tage bevor die IS-Milizen die Grenze bei Ungarn überschritten haben, im Fernsehen die Güte und Weisheit der IS-Führung gelobt hat und öffentlichkeitswirksam dem Islam beigetreten ist und seine Landsleute aufgefordert hat, es ihm gleich zu tun. Nur grüne Politikerköpfe sucht man vergebens, sie haben sich rechtzeitig Richtung Westen und Norden abgesetzt. Von der Bühne hat man einen atemberaubenden Blick. Ein Meer aus Menschen, Transparenten und Fahnen, das sich weit über den Heldenplatz hinaus über den Ring und die Seitenstraßen der Innenstadt erstreckt. Überall über der Stadt steigen gewaltige Rauchsäulen auf. Nur zwei Stunden zuvor haben IS-Kämpfer und ihre

Wiener Sympathisanten die Kirchen der Stadt in Brand gesetzt, nicht jedoch ohne zuvor hunderte Menschen in die Gotteshäuser zu treiben und einzuschließen. Man wollte Abu. M, der gerade von Budapest gekommen ist, einen gebührenden Empfang bereiten. Wien ist für die Gotteskrieger etwas besonders, zweimal waren die Rechtgläubigen in der Vergangenheit gescheitert, jetzt ist der Goldene Apfel gefallen.

Laut Twitter und anderen Internetquellen sind in den vergangenen fünf Tagen mehrere Tausend Österreicher getötet worden. Die meisten davon gar nicht von den einmarschierten IS-Verbänden, sondern von ihren Anhängern und Sympathisanten, die es im ganzen Land zu Zigtausenden gibt. Und es ist keine Ende in Sicht. Niemand hatte damit gerechnet. Keiner war darauf vorbereitet. Alles kam so plötzlich. Erst kurz zuvor hatte der SPÖ-Verteidigungsminister auch die letzten 15 verbliebenen Panzer ausmustern lassen, weil man sie angesichts neuer Bedrohungsszenarien ohnehin nicht mehr brauchen würde. Was für ein Irrtum. Schließlich hatten die IS-Führer von Anfang an betont, das Gebiet des neuen Kalifats auch auf Europa ausdehnen zu wollen. Man hat das nie ernst genommen, es nicht für möglich gehalten, obwohl die IS-Leute bei der Verfolgung ihrer Ziele von Anfang an kompromisslos, grausam und konsequent vorgegangen sind.

Als der Konflikt wenige Tage später vom Irak und Syrien auf die Türkei übergriff, war man zwar beunruhigt, rechnete aber damit, dass das türkisches Militär nun mit den IS-Truppen ein für allemal aufräumen würde. Schließlich lag die Türkei mit seiner großen und gut gerüsteten Armee wie ein gewaltiges Bollwerk zwischen dem nahöstlichen Krisenherd und der EU. Das war in mehrerlei Hinsicht eine völlig falsche Einschätzung. Und im Nachhinein betrachtet auch ziemlich dumm. Denn während des ganzen Konflikts hatte die Türkei eine ziemlich undurchsichtige Rolle gespielt. Man behinderte seine NATO-Partner wo es nur ging, sah zu, wie der IS sich direkt vor der Türkei immer weiter ausbreitete oder ließ zu, dass der IS sich über die türkische Grenze mit Lebensmitteln, Waffen und andern wichtigen Gütern versorgte. Kurz, die Fronten waren nie so klar, wie sich das die Europäer vorstellten bzw. wünschten.

Außerdem ging die ganze Welt wie selbstverständlich davon aus, dass das türkische Militär groß, mächtig und zumindest in der Region unbesiegbar sei. Auch das war eine Fehleinschätzung. In Wahrheit hatte das türkische Militär den IS-Truppen nicht viel mehr entgegenzusetzen, als das irakische. Vor allem wegen der IS-Sympathisanten in den eigenen Reihen. Viele Soldaten liefen über, desertierten oder weigerten sich gegen die IS-Milizen zu kämpfen. Auch tausende türkische Zivilisten schlossen sich den IS-Kämpfern an. Die Begeisterung für den Islamischen Staat wuchs überall, in der Türkei, im arabischen Raum und in ganz Europa. Der IS war zu einer internationalen Massenbewegung geworden. Nachdem das türkische Militär zwei empfindliche Niederlagen im Süden des Landes gegen die stetig wachsenden IS-Truppen einstecken musste, kippte die Lage komplett. Einige Tage lang war die Situation in dem Nato-Staat und EU-Beitrittskandidaten völlig unübersichtlich. Hochrangige AKP-Funktionäre und Regierungsmitglieder schlossen sich dem IS an. Ab diesem Zeitpunkt wurde selbst den Gutmenschen in Europa, die in letzter Sekunde die Abreise einer EU-Friedensdelegation nach Ankara stoppten, der Ernst der Lage klar. Wenige Tage darauf war die Türkei auch offiziell Teil des Islamischen Staates. Nur im Osten des Landes gab es noch ein paar kurdische Widerstandsnester, ansonsten verlief der Machtwechsel überraschend reibungslos. Mit einem Schlag hatte der Islamische Staat rund 100 Millionen Einwohner, eine gewaltige und aggressive Streitmacht, Infrastruktur und Industrie.

Angesichts dieser Übermacht mit ihrem imperialistischen Expansionsdrang und den eigenen maroden und schlecht gerüsteten Armeen, in deren Reihen noch dazu zigtausende Muslime standen, die wenig bis keine Lust hatten gegen ihre Glaubensbrüder zu kämpfen, beschloss Brüssel, sich kampflos zu ergeben. Man bot den Anschluss der EU an den IS an, ohne irgendwelche weiteren Bedingungen oder Forderungen zu stellen. Dafür war es aber längst zu spät. Bevor in Brüssel die entsprechenden Beschlüsse gefasst werden konnten, wurden Rumänien und Bulgarien regelrecht überrannt. Lediglich die Serben leisteten eine Zeit lang erbitterten Widerstand. Es war weniger ein Kriegs- als ein Triumphzug durch Europa, zumal die ortsansässigen IS-Kämpfer mit Terroranschlägen und Straßenschlachten die Ankunft der Milizen vorbereiteten. Große Teile der muslimischen Bevölkerung empfingen die schwer bewaffneten Truppen mit Freude und Jubelgeschrei. So wie am Wiener Heldenplatz.

Schweißgebadet wache ich auf. Gott sei Dank nur ein dummer Albtraum. Im Radiowecker laufen die Nachrichten: Verteidigungsminister Klug betont gerade in einem Interview, dass er trotz des Sparkurses beim Bundesheer zu 100 % für die Sicherheit Österreichs garantieren könne. Jetzt bin ich wieder beruhigt.

8.12.2014

Die Nichtislamisierung Europas

Rund 15.000 Menschen waren es zuletzt, die in Dresden auf die Straße gegangen sind. Führende Politiker und Journalisten haben sie bereits als Ratten, Nazis, Mischpoke, Hetzer, Ausländerhasser, Schwachköpfe oder Geisteskranke bezeichnet. Vergebens. Trotz dieser menschenverachtenden Hetze protestieren Montag für Montag immer mehr Bürger gegen die „Islamisierung des Abendlandes". Das macht die politisch korrekte Elite in Ministerien, Redaktionen und Parteizentralen zusehends nervös. Es ist alarmierend, wie schnell und leicht jenen Menschen, die sich auf der moralisch sicheren Seite wähnen und an den Schaltstellen der Macht sitzen, solch menschenverachtende, ja entmenschlichende Äußerungen über die Lippen kommen. Man hat jedenfalls sein bisher gut funktionierendes Arsenal an Totschlagargumenten, rhetorischen Kampfmitteln und Strategien ausgereizt: Verleumdung, Hetze, Schlagzeilen und Berichte, die fast jeden Bezug zu den tatsächlichen Ereignissen vermissen lassen, „breite" Bündnisse aus Chaoten, Linksparteien und NGOs und Gegendemos mit Beteiligung des gewaltbereiten linken Antifa-Mobs. Und das alles, weil PEGIDA-Demonstranten wie im Märchen der Gebrüder Grimm rufen: „Der Kaiser ist nackt".

Der Kaiser und sein Hofstaat finden das nicht lustig. Sie fahren mit schweren Geschützen auf. Die Grenzen des demokratischen Rechtstaates haben sie längst überschritten. Trotzdem werden es immer mehr Menschen und je nervöser die politisch korrekte Elite wird, desto schriller werden ihre Berichte, desto perfider die Verleumdungen. Die Mainstream-Medien bieten ihrer schwindenden Kundschaft nur noch eine comichaft verzerrte Realität mit hirntoten protestierenden Zombie-Nazis auf der einen und intelligenten, besorgten, weit blickenden Licht-Bürgern auf der anderen. Bisher konnte man mit diesen verzerrten Informationen, Halbwahrheiten und der flächendeckenden politisch korrekten Indoktrination von der Grundschule bis zum öffentlich-rechtlichen Seniorenfernsehen das Unbehagen in großen Teilen der Bevölkerung unterdrücken, kanalisieren und lenken. Das wird zusehends schwieriger.

Was kommt als nächstes? Was sind die Parteien und ihre Helfershelfer für den Erhalt ihrer Macht und Ihres Einflusses alles bereit zu tun? Je mehr Demonstranten, je mehr Menschen, die sich nicht mehr von der politisch korrekten Propaganda einlullen und einschüchtern lassen, desto größer die Panik beim politisch-juristisch-medialen Machtkomplex. Aber warum diese Angst vor ein paar Tausend Menschen, die das machen, was in einer Demokratie selbstverständlich sein sollte und was man den Bürgern sogar gelehrt hat, nämlich kritisch zu sein, die Dinge zu hinterfragen, eigenständig zu denken. Das tun die Demonstrationsteilnehmer. Sie tun ihre Meinung kund, sie protestieren gegen die

Politik der Mitte-links-Parteien und gegen die „Islamisierung des Abendlandes", die es aber laut ihren Gegner gar nicht gibt, also gegen ein Hirngespinst. Das staatliche ZDF hat in einem Beitrag über PEGIDA verkündet: „In Dresden wollen morgen wieder Tausende auf die Straßen gehen, um gegen diese angebliche Gefahr einer Islamisierung zu demonstrieren. Die gibt es nachgewiesenermaßen in Deutschland nicht, schon gar nicht in Sachsen." Der in Deutschland und ganz Mittel- und Westeuropa wachsende Anteil der Muslime an der Gesamtbevölkerung und der Islam als neue große und stetig wachsende Religionsgemeinschaft üben demgemäß keinen nennenswerten Einfluss auf Gesellschaft, Politik und unser aller Leben aus. Und das auch noch nachgewiesenermaßen! Erstaunlich. Und wer das nicht glaubt, der wird entweder nicht ernst genommen, weil geisteskrank, oder er wird mit der Nazikeule so lange bearbeitet, bis er wieder alles glaubt, was ihm ZDF, CDU, Grüne und der Spiegel an Realität vorkauen.

Das Paradoxe daran, gerade wegen der immer größeren Bedeutung des Islams in unserer Gesellschaft, respektive des immer größeren Einflusses der Muslime und ihrer politischen und religiösen Vertreter in Parteien, Regierungen und Verbänden, reagieren Politiker und Medien so nervös und panisch. Sie haben Angst, dass es tatsächlich zu Spannungen kommt, zu Konflikten, Umverteilungskämpfen (allerdings nicht zwischen arm und reich, sondern zwischen ethnischen bzw. religiösen Gruppen), Terroranschlägen, ja zu bürgerkriegsähnlichen Zuständen. Deshalb ist die politische Devise: den Ball flach halten und immer schön brav sein. Man stellt die Angst immer größerer Teile der autochthonen Bevölkerung – laut aktueller Umfrage stimmen mehr als ein Drittel der Deutschen mit den Ansichten der PEGIDA-Bewegung überein – vor der Islamisierung Europas als Phobie der Modernisierungsverlierer und Schwachköpfe dar, obwohl dieser Prozess bereits voll im Gange ist und sich vor unser aller Augen abspielt.

Nun gibt es keine allgemein gültige und verbindliche Definition für den Begriff Islamisierung. Wikipedia trennt die wissenschaftliche Definition vom „politischen Schlagwort". In der Wissenschaft bedeutet Islamisierung laut dem Onlinelexikon: „(…) die Einführung des Islams als vorherrschende Religion in zuvor mehrheitlich nicht islamisch geprägten Regionen oder Ländern. Historisch fand sie vor allem durch die islamische Expansion im Mittleren und Nahen Osten sowie auf der iberischen Halbinsel vom 7. bis 10. Jahrhundert statt." Islamisierung wird hier nur im historischen Kontext gebraucht. Die rezenten Entwicklungen in Europa, Schwarzafrika und Teilen Asiens fallen offenbar nicht darunter, das sind andere Prozesse, die nur von bösen „Rechtspopulisten" bewusst falsch interpretiert und instrumentalisiert werden. Das war vor wenigen Jahren noch ganz anders. 2003 schrieb etwa die

Konrad-Adenauer-Stiftung über die Entwicklungen in Nigeria: „Ziel der Migration der aus dem Norden Nigerias stammenden muslimischen Hausa und Fulani in den Süden des Landes ist nicht nur die Inbesitznahme des Bodens zu Siedlungszwecken, sondern auch die politische Beherrschung dieser Gebiete sowie die gewaltsame Einführung des Islam unter den dort lebenden meist christlichen Minderheitenvölkern." In praktisch allen Ländern, wo Muslime die Mehrheit stellen, ist der Islam die beherrschende Religion. Klingt logisch, ist es auch. Weshalb man in Europa nicht von einer Islamisierung sprechen kann, erklärt uns ebenfalls Wikipedia: „Die Daten für Prognosen sind nicht ausreichend vorhanden, da es nur in wenigen europäischen Ländern aktuelle oder gesicherte Zahlen über den Anteil von Muslimen an der Gesamtbevölkerung gibt."

Wie praktisch, man kann über eine Entwicklung nur deshalb keine vernünftigen Aussagen tätigen und Prognosen erstellen, weil die verantwortlichen Politiker und Beamten diese Zahlen einfach nicht erheben lassen. Und das in Europa, wo sonst alles und jeder statistisch exakt erfasst wird. Warum wohl? Aus ähnlich gelagerten Gründen vermeidet es die sich selbst zensierende Mainstream-Presse bei Verbrechen aller Art die Herkunft oder die Vornamen der Täter anzugeben. Das brauchen die Bürger nicht zu wissen. Welche Daten und Fakten für sie relevant sind und nicht, entscheidet die politisch korrekte Elite. Diese durchsichtige Strategie nutzt sich aber angesichts der Lebenswirklichkeit der Menschen immer mehr ab. Wenn die täglichen Erfahrungen und Beobachtungen völlig inkompatibel mit der politisch und medial vermittelten Realität sind, dann nutzen selbst die prächtigsten Kulissen des potemkinschen Multikulti-Dorfes nichts mehr.

Da wirkt es auch zusehend lächerlicher, wenn eine ganze Heerschar von Politikern, Journalisten, Moslemvertretern und Wissenschaftlern bei jedem Blutbad, das Terroristen im Namen des Propheten verüben – allein im November dieses Jahres kamen laut Studie des Londoner King's College über 5.000 Menschen in 114 Ländern bei islamistischen Anschlägen ums Leben – lauthals und im Chor verkünden: Das hat nichts mit dem Islam zu tun! Das sind nur Einzelfälle, Verwirrte, die den Koran und den Islam falsch interpretieren. Keine andere Religion wird so oft und mit so weit reichenden Folgen falsch interpretiert. Dass man von solchen Einzelfällen mittlerweile mehrmals täglich hört und liest, macht die Sache nicht gerade glaubwürdiger. Tatsache ist, und das kann selbst der naivste Gutmensch nicht in Abrede stellen: Die Zahl der Muslime ist in den vergangen Jahren und Jahrzehnten in ganz Europa rasant gestiegen und sie wird, dank der europäischen Einwanderungspolitik und der unterschiedlichen Fertilitätsraten von autochthonen und muslimischen Frauen, immer weiter steigen. Das ist keine Paranoia, sondern Empirie und simple Mathematik, schließlich verlaufen demographische Entwicklungen nicht linear, sondern exponentiell. Auch das gern gebrachte Standardargument, wonach sich die Geburtenrate der muslimischen Frauen an die der autochthonen angleicht, hat sich bis jetzt nicht bewahrheitet.

Jedenfalls sprechen wir nicht von irgendwelchen Zukunftsszenarien, der Islam spielt ja schon jetzt eine große Rolle in allen Bereichen der Gesellschaft und bestimmt und prägt den Alltag aller Europäer. Egal ob schweinefleischfreier Kindergarten, Moscheeneubau ums Eck oder Koran verteilende Salafisten in der Fußgängerzone. Man kann und darf diese Veränderungen und Entwicklungen, egal wie man dazu steht, völlig wertfrei als Islamisierung bezeichnen. Dass die politisch korrekte Elite diesen Begriff und damit diesen Prozess leugnet, ist lächerlich und beweist, dass sie selbst nicht daran glaubt, dass diese gesellschaftlichen Veränderungen konfliktfrei ablaufen werden.

Ein Grund dafür ist die linke Weltsicht. Für Sozialisten gibt es keine religiösen oder ethnischen Konflikte. Alle Probleme dieser Welt haben soziale Ursachen. Auch die Gräueltaten, die die IS-Kämpfer in Syrien und im Irak verüben, sind, dieser Ideologie entsprechend, nur eine verzweifelte Reaktion auf den westlichen Imperialismus und den menschenverachtenden Kapitalismus. Die derzeitigen Probleme und Konflikte in Europa, die durch die große Zahl an Einwanderern entstanden sind, und die selbst die Politiker und die Mainstream-Medien nicht mehr völlig verleugnen, lassen sich dieser Denke entsprechend, einfach mit noch mehr Transferleistungen und besserer Bildung lösen. Gegen diesen Irrglauben helfen weder empirische Daten, noch historische Erkenntnisse. Und als quasi letzte Versicherung für ein sanftes Ruhekissen gibt es noch den Euro-Islam. Das ist so eine Art verwestlichter Friede-Freude-Eierkuchen-Islam. Blöderweise ist er nur eine akademische Erfindung, ein Konstrukt, das sich in der Praxis nie durchgesetzt hat. Wesentlich erfolgreicher sind da die islamistischen Bewegungen.

Wie auch immer. Der Islam gewinnt in Europa von Jahr zu Jahr an Bedeutung. Dass kann man kritisieren, dagegen darf man protestieren, man kann das auch toll und bereichernd finden, nur abstreiten sollte man es nicht. Wie sich Europa in den nächsten Jahren und Jahrzehnten entwickeln wird, darf sich jeder selbst ausmalen. Allerdings ist Europa nicht die erste Region, in der der Anteil der Muslime an der Gesamtbevölkerung immer größer wird. Es gibt mittlerweile sehr viele Beispiele aus Vergangenheit und Gegenwart. Das heißt nicht, dass es im rezenten Europa so ähnlich ablaufen muss, auszuschließen ist es aber auch nicht.

19.12.2014

Wo sind die Antifaschisten, wo sind sie geblieben?

62 Meter lang, 64 Kanonen, geschmückt mit 700 Statuen und Figuren. Sie war der ganze Stolz Schwedens, die Vasa. Alleine ihr Anblick sollte die feindlichen Polen in Angst und Schrecken versetzen. Doch die polnische Flotte sollte das größte Kriegsschiff seiner Zeit nie zu Gesicht bekommen. Nachdem die prächtige Galeone zu Wasser gelassen worden war, schwankte sie bedenklich. Einen Stabilitätstest brach man sicherheitshalber ab. Trotzdem schickte man die Vasa wohlgemut auf Jungfernfahrt. Gleich nach dem Verlassen des sicheren Hafens, nach gerade einmal 1300 Metern, versank die riesige und bunt geschmückte Galeone, noch bevor sie auch nur in die Nähe des offenen Meeres oder eines feindlichen Schiffes gekommen war.

Die Geschichte der Vasa erinnert stark an den europäischen Antifaschismus. Mit dem Ende des zweiten Weltkriegs und dem Ende der italienischen Faschisten und der deutschen Nationalsozialisten blühte er in ganz Europa und vor allem in Deutschland und Österreich auf. In dem von den Amerikanern gut behüteten und wohlhabenden Europa war der Antifaschismus in vielen Ländern über lange Zeit Staatsräson und die primäre Daseinsberechtigung linker Parteien. Und weil es ohnehin keine Faschisten mehr zu bekämpfen gab, verlegte man sich auf die

Vergangenheitsbewältigung, die Ausdehnung des Begriffs auf immer weitere gesellschaftspolitische Felder, um sich selbst moralisch aufzuwerten und um die demokratischen Grund- und Freiheitsrechte immer weiter einschränken zu können. Der Antifaschismus war bis vor kurzem allgegenwärtig, in der Literatur, im Theater, im Kino und TV, in den Universitäten und an Schulen, in der Wissenschaft, im öffentlichen Raum, in den Ministerien und den NGOs.

Doch all das, was da über Jahrzehnte so an Antifaschismus produziert worden ist, hatte entweder ganz andere Ziele als die Verhinderung von neuen faschistischen Diktaturen und Trends oder es waren einfach nur lächerliche Trockenübungen. Nichtsdestotrotz schmückten sich die selbsternannten Antifaschisten mit Auszeichnungen, Orden und lobten in Sonntags- und Festreden gegenseitig ihren Durchblick, ihre Courage und ihren Mut. Sie putzten sich und ihre Egos auf, so wie einst die Schweden ihre Vasa. Die Antifaschisten setzten sich im Laufe der friedlichen und demokratischen Jahrzehnte unzählige Denk- und Mahnmäler, füllten Hunderte Biblio- und Videotheken mit antifaschistischer Literatur und Filmen. Angesichts dieses Outputs und angesichts solcher Heerscharen von mutigen und kreativen Denkern, Lenkern und Kämpfern schien der Faschismus in Europa ein für allemal Geschichte zu sein. Denn mehr Antifaschismus war kaum noch möglich.

Doch in der Hochburg des Antifaschismus passieren plötzlich Dinge, die eigentlich gar nicht passieren dürften, und wenn, dann sollten sie einen Sturm der Entrüstung auslösen. Aber weder das eine, noch das andere ist der Fall. Durch die Straßen europäischer Großstädte sind in den vergangenen Monaten zigtausende Menschen gezogen und haben lautstark und aggressiv judenfeindliche Parolen gegrölt. Die Polizei hat das nicht unterbunden, auch die Staatsanwaltschaften blieben weitgehend untätig, die Mainstream-Medien haben nur sehr dezent und verharmlosend berichtet und der linke Antifamob, ansonsten stets zur Stelle, wenn es darum geht, nichtlinke Demos zu behindern, hat sich in seinen Kellerlöchern verkrochen. Alleine in diesem Jahr sind bereits weit über 5.000 Juden von Frankreich nach Israel ausgewandert oder besser gesagt geflüchtet. Der Grund: Im bunten „Multi"kulti-Staat nehmen die Übergriffe und Attacken auf Juden ständig zu, Synagogen werden angezündet, jüdische Geschäfte zerstört. Allein heuer wurden bisher 500 solcher Taten registriert, die Dunkelziffer ist noch deutlich höher. Diese Übergriffe sind kein temporäres Phänomen, sie werden von Jahr zu Jahr zunehmen. Letzter unschöner Höhepunkt, drei junge Männer, mit den Vornamen Ladji, Yazine und Omar überfallen und malträtieren eine jüdische Familie in deren Wohnung. Die linken Mainstream-Medien berichten äußerst zurückhaltend, die Herkunft der Täter wird selbstredend unterschlagen, die hat nämlich nichts mit der Tat zu tun. Dass so gut wie alle rezenten judenfeindlichen Übergriffe von jungen Moslems ausgehen, ist purer Zufall oder bestenfalls ein „soziales" Problem.

Während ganz Europa Kopf steht und vom latenten Rassismus der weißen Amerikaner faselt, wenn ein Polizist in Notwehr einen Schwarzen erschießt, ist man beim latenten islamischen Antisemitismus in Europa ganz schweigsam. Nur ein Einzelfall. Mittlerweile gibt es innerhalb und außerhalb Frankreichs Tausende solcher „Einzelfälle", die allesamt nur eine Gemeinsamkeit haben, sie haben mit dem Islam nichts zu tun. Auch die Künstler und Intellektuellen schweigen, obwohl der Antifaschismus bis vor kurzem noch zu ihren wichtigsten Einnahmequellen zählte. Viele deutsche und österreichische Künstler haben ihre ganze Karriere, ihre Reputation und ihren Wohlstand darauf aufgebaut, jetzt kuschen sie oder sie haben nur noch peinliches und relativierendes Geschwurbel zu bieten. Dass wenige Jahrzehnte nach dem Holocaust mitten in Europa wieder die Hatz auf Juden beginnt, scheint unseren mutigen Antifaschisten und kritischen Links-Intellektuellen völlig am Arsch vorbei zu gehen. Ist diesbezüglich in den letzten Wochen irgendetwas Substantielles, Kritisches oder gar Mutiges von ihnen gekommen? Eben.

Jene Leute, die bis vor kurzem noch bei jedem an eine Klowand gekritzelten Hakenkreuz zu hyperventilieren begonnen haben, haben angesichts von vertriebenen und verfolgten Juden plötzlich einfach nichts mehr zu sagen. Und zwar deshalb, weil es die „falschen" Täter sind, die nicht in ihr simples Weltbild passen, und vor denen sie Angst haben. Und auch weil sie zwar aus strategischen Gründen sehr viel für die von den Nazis ermordeten Juden übrig haben, aber keinerlei Sympathien für die heute in Europa und Israel lebenden Juden hegen. Es ist aber auch viel bequemer, Kränze vor Konzentrationslagern niederzulegen und mahnende Worthülsen absondern, als selbst zu handeln und aktiv gegen den neuen Antisemitismus zu kämpfen. Deshalb herrscht Sendepause. Obwohl, das ist nicht ganz korrekt. Manche antifaschistischen Helden warnen davor, dass „rechtspopulistische" Parteien die epidemisch werdenden „Einzelfälle" für ihre „Zwecke" ausnützen könnten. Nicht jene, die Juden attackieren sind nämlich gefährlich, sondern die, die darauf aufmerksam machen. Linke Logik.

Einige mokieren sich zudem über jene Menschen, die derzeit mutig gegen solche Entwicklungen protestieren. Etwa die PEGIDA-Bewegung. Jeden Montag protestieren ganz friedlich Tausende Menschen in Dresden gegen die Islamisierung Europas. Die Mainstream-Medien und linke Politiker schäumen vor Wut und hetzen gegen diese neue Form des Widerstands der echten Zivilgesellschaft.

Warum eigentlich? Halten die Antifaschisten die islamistische Bedrohung Europas für eine gute Sache? Oder meinen sie: Die tun ja nix, die wollen nur köpfen. Schmollen sie, weil ihnen da jemand das Monopol auf Antifaschismus weggenommen hat, weil da irgendwelche „Spießer" zehn Mal mehr Mut beweisen, als die erbärmlichen linken Antifaschisten? Die Zeiten, als diese linken Antifaschisten mit lächerlichen Alibiaktionen und Trockenübungen gemeinsam mit den mit ihnen sympathisierenden Mainstream-Medien Kampfgeist und Mut vortäuschen konnten, sind ein für alle Mal vorbei. Wer heute gegen Faschismus kämpft, der muss sich echten Feinden stellen. Und weil man dazu weder in der Lage noch Willens ist, kämpft man eben gegen die echten Antifaschisten.

Denn selbst der gewaltbereite linke Antifamob hat bisher ja nur gegen die von der linken Politik an der kurzen Leine gehaltenen Polizisten „gekämpft". Das war nie mehr als eine Art Antifa-Disneyland. Der Staat hat in diesem Spiel seine Polizisten dem linken Straßenmob als Animateure zur Verfügung gestellt. Die Sicherheitskräfte dienten vor allem der Bespaßung Steine werfender, postpubertärer, schwarz gekleideter Jugendlicher. Dass dabei immer wieder Beamte auch schwer verletzt werden, hat die Politik stets gerne in Kauf genommen. Da drückte man ein Auge zu. Als aber Fußballfans gegen Salafismus protestierten, war bei den Antifaschisten innerhalb und am Saum des Staatsapparates Feuer am Dach.

Diese weitgehend friedlichen Proteste könnten ja zu echten Auseinandersetzungen und zu unschönen Reaktionen der kampferprobten Islamisten führen, ganz im Gegensatz zu den ritualisierten linken Antifakrawallen. Die hatten und haben mit echten Konflikten oder gar Kämpfen nie etwas zu tun gehabt. Die linken Möchtegern-Straßenkämpfer beschimpfen die Polizisten nur deshalb als faschistische Bullenschweine, weil sie genau wissen, dass sie das nicht sind.

Man stelle sich die Anarchos aus gut behütetem Hause im Kampf gegen IS-Anhänger und Salafisten, vor. Die Widerstands- und Kampfkraft des linken Antifamobs sinkt bei realen Gegnern gegen Null, ebenso wie der Mut und der Widerstand der Intellektuellen und Künstler. Mit dem Erstarken der ersten großen faschistischen Massenbewegung nach dem Zweiten Weltkrieg ist der blühende europäische Antifaschismus so wie die Vasa im 17. Jahrhundert einfach untergegangen. Blubb und weg. Ohne jeden Kampf, ohne jede Auseinandersetzung. Die Vasa und der linke Antifaschismus, trotz der prächtigen Fassade nur erbärmliche Fehlkonstruktionen. Wenn es ernst wird, trennt sich die Spreu vom Weizen. Die antifaschistische Kinderparty mit ihren Schreckgespenstern aus Pappmaché ist vorbei.

Die Bruchlinien und Fronten innerhalb von Gesellschaften und Staaten verschieben und verändern sich angesichts von neuen Bedrohungen und gesellschaftlichen und religiösen Umwälzungen fundamental. Freund, Feind, Verbündeter, Opfer, Held, Verräter – die Karten werden neu gemischt. Scheinbar mächtige und selbstbewusste Bewegungen oder Geisteshaltungen, wie der Antifaschismus, gehen einfach unter, ohne jeden Widerstand, ohne sich je bewährt haben zu müssen. So wie die Vasa wird man auch den europäischen Nachkriegsantifaschismus nur noch im Museum bestaunen können. All die vielen Worte, all die Mahnmäler, die Theaterstücke und Reden, nur Eitelkeit, Selbstüberschätzung und Dekoration, so wie die 700 bunten Statuen und Figuren der Vasa.

18.12.2014

Politisch korrekter Filmriss

24 Bilder pro Sekunde ergeben für das menschliche Auge schöne fließende Bewegungsabläufe. Deshalb sind diese 24 Einzelbilder pro Sekunde bei Kinofilmen Standard. Man kann natürlich auch den Zelluloidstreifen zerschneiden und sich die Tausenden Bilder eines Filmes einzeln ansehen. Jedes Bild für sich. Ohne einen Bezug zu den vorangegangenen oder den kommenden herzustellen. Eine Handlung oder ein Gesamtbild wird man so nicht erkennen können. Deshalb ist das natürlich ohne jeden Sinn, deshalb wird diese Art der Filmbetrachtung gemeinhin auch nicht praktiziert, aber genau das machen derzeit die politisch korrekten Politiker, Journalisten und Wissenschaftler, wenn es um Islam, Islamismus und Terrorismus geht. Wann immer irgendwo auf der Welt ein Gotteskrieger mit einem „Allahu Akbar" auf den Lippen Menschen in die Luft sprengt, köpft oder anderswie abschlachtet, und das kommt mittlerweile mehrmals pro Tag vor, dann wird jede dieser Taten für sich, ganz isoliert und ohne jede Bezug zu anderen Attentaten im Namen des Propheten betrachtet, analysiert und bewertet.

Wenn die Hamas Raketen auf Kindergärten und Schulen abfeuert, dann ist die menschenverachtende Politik der Israelis daran schuld. Wenn in Europa ein Islamist mit einem Auto in eine Menschenmenge rast, dann ist es unsere fehlende Willkommenskultur. Wenn im Irak die letzten Nichtmoslems in die Luft gesprengt werden, dann sind das die Folgen der US-Politik und der US-Invasion. Wenn in Nigeria Boko-Haram wieder einmal dutzende Christen abschlachtet, dann ist das das Erbe der europäischen Kolonialpolitik. Wenn in China in einem Bahnhof eine Bombe hochgeht, dann ist das die Unterdrückungspolitik des Pekinger Regimes. Und jede Wette, wenn in Deutschland demnächst Islamisten zuschlagen sollten, dann sind die eigentlich Schuldigen die PEGIDA-Demonstranten, die mit ihren Protesten das „Klima im Land vergiftet haben". Kein Erklärungsversuch ist zu hanebüchen, keine Ausrede zu plump, nur damit die westlichen Appeaser und Duckmäuser weiterhin ruhig schlafen können und der blutig rote Faden, der all diese Ereignisse miteinander verbindet, für das gemeine Stimmvieh unsichtbar bleibt.

Deshalb müssen all diese Ereignisse für sich stehen, müssen der Gesamtkontext und die Historie völlig ausgeblendet werden. Diese singuläre Betrachtungsweise, dieser politisch korrekte Tunnelblick verhindert eine sinnvolle wissenschaftliche Analyse, führt zu einer völlig realitätsfernen Politik und zu einer abstrusen medialen Berichterstattung, die nur noch jene erreicht und befriedigt, die sich auf diese reduzierte Denk- und Sichtweise einlassen. Nur ein verbindendes Element haben all diese Gräueltaten laut politisch korrekter Lehre: Sie haben nichts mit dem Islam zu tun. Auch der historische Kontext muss völlig ausgeblendet werden, ansonsten könnte aus all den vielen Einzelfällen plötzlich ein gewaltiger Film mit einer relativ simplen Botschaft vor unseren Augen entstehen. Und das will doch keiner, zumindest nicht jene, die in Europa (noch) an der Macht und bei den Futtertrögen sind.

Und weil selbst diese Einzelbildanalyse nicht mehr ausreicht, um die Bürger ruhig zu stellen, werden die Taten auch noch verharmlost, relativiert und wenn irgendwie möglich unter den Tisch gekehrt. Beliebt ist dabei die bewährte Täter-Opfer-Umkehr. Die islamistischen Gräueltaten sind immer nur eine Reaktion auf etwas noch Schlimmeres und Böseres: Kapitalismus, westlicher Imperialismus, Zionismus, weißer Rassismus, fehlende Willkommenskultur, etc. Selbst wenn Islamisten über 100 Kinder abschlachten, ist das im Grunde die Schuld des pakistanischen Militärs. Umgekehrt wird jede Kritik an Islamismus und Islam sofort dämonisiert. Kritiker als Idioten, Nazis, Rassisten und eine Gefahr für den Frieden im Land hingestellt. Bei den Islamkritikern gibt es, ganz im Gegensatz zu den Islamisten, überhaupt keine Einzelfälle, hier wird alles und jeder miteinander in Verbindung gebracht. Wenn es sein muss, sogar mit den Kreuzzügen vor mehreren hundert Jahren. So entsteht vor den Augen der verängstigten politisch korrekten Schafherde ein mächtiges, weit verzweigtes und furchtbar fieses rassistisches Netzwerk. Um diesen riesigen Popanz erschaffen zu können, ist keine Methode zu unseriös und zu schmierig. Da verkleiden sich schon mal TV-Reporter als PEGIDA-Demonstranten, um frech in die Kamera zu lügen, da kritzeln linke und grüne Parteifunktionäre Hakenkreuze und rechte Hassparolen an Hauswände, nur damit die Bürger vom Hauptfilm, der gerade in ganz Europa läuft, abgelenkt werden.

Es ist eine Situation, wie sie Platon in seinem Höhlengleichnis beschrieben hat. Die Menschen sitzen in einem Erdloch und starren auf die von der Politik und den Medien an die Wand projizierten Schattenspiele. Doch immer mehr Menschen stehen auf und verlassen die politisch korrekte Höhle, auch wenn dieser Prozess, wie einst von Platon beschrieben, sehr schmerzhaft ist. Und genau das beunruhigt die europäischen Eliten. Am liebsten würden sie ja den Höhlenausgang zumauern, doch das trauen sie sich (noch) nicht. Derzeit begnügt man sich damit, den Ausgang mit Desinformationsmüll zu verstellen.

28.12.2014